DARMSTÄDTER GEOGRAPHISCHE STUDIEN

Herausgeber: H.-D. May

Schriftleitung: K. Friedrich

Heft 5

BEITRÄGE ZUM KONZEPT EINER REGIONALISIERTEN RAUMORDNUNGSPOLITIK

Heinz-Dieter May, Klaus Friedrich
und Helga Wartwig

Darmstadt 1984

Im Selbstverlag des Geographischen Instituts der Technischen Hochschule Darmstadt

Bezug durch:

Geographisches Institut der TH Darmstadt
Schnittspahnstraße 9, 6100 Darmstadt

ISBN   3-922193-04-8

Textverarbeitung:
Dipl.-Ing. K. Hänsel, Lessingstr. 4, 6101 Fränkisch-Crumbach

Druck:
KM Druck, Kurt Schumacher Ring 35, 6114 Groß-Umstadt

Die drei Luftbilder Nr. 347, 1433 und 1699 wurden mit Geneh-
migung des Hessischen Landesvermessungsamtes vervielfältigt
unter Vervielf.-Nr.: 24/83. Freigegeben durch Reg.-Präs. in
Darmstadt unter HLVA 7/82, 538/81 und 529/81.

Vorwort

Nachdem bereits in Heft 3 der Darmstädter Geographischen Studien erste Ergebnisse eines Forschungsprojektes zu Raumordnungskonzepten im ländlichen Raum vorgelegt werden konnten, bringen die Beiträge des vorliegenden Heftes die Ergebnisse der Haupterhebung in ausgewählten Gemeinden Osthessens. Mit finanzieller Unterstützung der Deutschen Forschungsgemeinschaft, der an dieser Stelle besonders gedankt sei, konnten im Sommer 1982 in 23 Orten der Landkreise Vogelsberg und Fulda die erforderlichen Interviews durchgeführt werden.

Dabei fanden wir verständnisvolle Hilfe bei den Bürgermeistern der Untersuchungsgemeinden, von denen stellvertretend die Herren Süßenberger (damals Grebenhain) und Vogt (Nüsttal) genannt seien, beim Kommunalen Gebietsrechenzentrum in Gießen sowie bei den Redakteuren der regionalen Tageszeitungen. Frau H. Altkrüger-Roller war als Wiss. Mitarbeiterin für eineinhalb Jahre an diesem Projekt beteiligt. Die Datenverarbeitung lag in den Händen von Dipl.Ing. H. Wartwig, H.J. Müller sowie Dr. K.-H. Heere und erfolgte im Rechenzentrum der TH Darmstadt. Frau Wartwig war ebenfalls für die Kartographie zuständig.

Den genannten Damen und Herren und Institutionen gilt unser Dank für die wertvolle Unterstützung. Nicht zuletzt möchten wir uns bei den studentischen Mitarbeitern, die als Interviewer und bei der Auswertung mitwirkten, und bei der Bevölkerung der Untersuchungsgemeinden sehr bedanken, ohne deren bereitwilliges Entgegenkommen die Untersuchung nicht möglich gewesen wäre.

Im März 1984

Prof. Dr. H.-D. May   Dr. K. Friedrich

BEITRÄGE ZUM KONZEPT EINER REGIONALISIERTEN
RAUMORDNUNGSPOLITIK

Inhaltsverzeichnis

I. Regionale Raumbewertung und Selbstimage als Teil eines
Entwicklungskonzeptes für den ländlich-peripheren Raum

von Heinz-Dieter MAY

II. Räumliche Identifikation - Paradigma eines regions-
    orientierten Raumordnungskonzeptes

   von Klaus FRIEDRICH und Helga WARTWIG

REGIONALE RAUMBEWERTUNG UND SELBSTIMAGE ALS TEIL EINES ENTWICKLUNGSKONZEPTES FÜR DEN LÄNDLICH-PERIPHEREN RAUM

Heinz-Dieter MAY

Einleitung

Der ländliche Raum bildete Ende der 70er Jahre und noch anfangs dieses Jahrzehnts ohne Zweifel einen besonderen Schwerpunkt in den fachwissenschaftlichen Diskussionen der Disziplinen, die sich mit Raumdisparitäten und Planungsstrategien befassen. In einer fast unüberschaubaren Zahl von Veröffentlichungen wurden in dem genannten Zeitraum die Strukturschwächen des ländlichen Raumes nicht nur beschrieben, sondern es wurden dazu auch grundsätzliche theoretische Überlegungen insbesondere unter dem Einfluß der Dependenztheorie angestellt und Ansätze zu neuen Planungskonzepten und Strategien vorgelegt (vgl. u.a. NASCHOLD 1976, 1978; STÖHR 1980; MAIER 1981, 1983).

Der Anreiz hierfür lag wesentlich in einer weitgehenden Unzufriedenheit sowohl bei den Bewohnern des ländlichen Raumes als auch bei verantwortlichen Planern und Wissenschaftlern mit dem bisher Erreichten im Abbau regionaler Disparitäten. Denn trotz gewisser unverkennbarer Teilerfolge - so sei insbesondere auf die Errichtung öffentlicher Dienstleistungsbetriebe und die Innovationsförderung hingewiesen (vgl. EWERS et al. 1980) - konnten schwerwiegende essentielle Strukturschwächen sowie disparat wirkende Prozesse, wie die Abwanderung der jungen aktiven Bevölkerung, nicht wesentlich verringert werden.

Inzwischen scheint die Diskussion um diese Probleme etwas abgeebbt zu sein. Denn durch veränderte wirtschaftliche Rahmenbedingungen und konjunkturelle Einbrüche wurden und werden auch Verdichtungsräume in immer stärkerem Maße zu sozioökonomischen Problemgebieten (vgl. z.B. Saarland, Bremen, Ruhrgebiet nach RAUMORDNUNGSBERICHT (ROB) 1982, S. 33/34). Auch scheint sich bei der Bevölkerung des ländlichen Raumes die Unzufriedenheit mit der Lebensqualität angesichts der wirtschaftlichen Rezession im Moment beträchtlich weniger zu artikulieren.

Das bedeutet jedoch nicht, daß die augenblicklichen veränderten Rahmenbedingungen und die letzte wirtschaftliche Rezession die disparaten Verhältnisse aufgelöst hätten und sich damit dieses Problem für die Raum- und Regionalplanung nicht mehr stelle.

Auch in jüngster Zeit wandert noch ein hoher Anteil der jungen, aktiven und in das Erwerbsleben kommenden Bevölkerung aus dem ländlich-peripheren Raum ab (vgl. ROB 1982, S. 18) mit den Konsequenzen einer Überalterung und sozialen Erosion der Bevölkerung; auch jetzt sind die Arbeitsplätze im ländlichen Raum durch die Krisenanfälligkeit der dort traditionell ansässigen Branchen und durch den hohen Anteil an Zweigbetrieben besonders gefährdet.

In der jüngsten Diskussion um neue Planungsstrategien zum Abbau räumlicher Disparitäten fällt häufig der Vorwurf einer bisher unzureichenden regionalisierten Regionalpolitik. Er stützt sich auf eine neue Regionalismusbewegung, die gekennzeichnet ist von dem Wunsch nach mehr regionaler Autonomie im Sinne einer vermehrten Selbstbestimmung und Demokratie. Dadurch sollen die ländlich-peripheren Gebiete eine verbesserte Position gegenüber den Zentralregionen, d.h. den Verdichtungsräumen mit ihren Zentren, erfahren. Dieser Konzeption schwebt ein neues regionales Raumbild vor, in dem Region als überschaubares Gebiet der Selbstidentifikation seiner Bewohner verstanden wird. Die Region ist damit nicht mehr nur das Ergebnis vorwiegend ökonomisch-struktureller Abgrenzungskriterien, sondern schließt auch sogenannte immaterielle Größen, wie historische Entwicklung und Verbundenheit oder konfessionelle, kulturelle und ethnische Gemeinsamkeiten mit ein. In dieser Auffassung bekommt der Begriff

"Heimat" als Region der räumlichen Selbstidentifikation einen neuen Stellenwert (vgl. dazu MARTENS 1980; METTLER-MEIBOM 1980; BÖLTKEN 1983).

Das Konzept einer regionalisierten Regionalpolitik bringt als weitere wesentliche Neuerung, daß es einen als unantastbar und undiskutierbar angesehenen Eckwert der Raumordnungspolitik inhaltlich neu in Frage stellt, nämlich die im Raumordnungsgesetz geforderte Gleichwertigkeit der Lebensbedingungen. Diese Gleichwertigkeit, die bisher an allgemeinen Durchschnittswerten orientiert wurde, soll nun wesentlich stärker durch die Selbstbewertung und die selbstformulierten Ansprüche der Regionsbevölkerungen bestimmt werden.

Das Konzept erscheint auf den ersten Blick einleuchtend. Einige Punkte scheinen allerdings noch nicht ausreichend geklärt zu sein. Es sollen vor allem die folgenden herausgegriffen werden:

1. Existiert in der Realität überhaupt eine faßbare regionale Identifikation von planungsrelevanter Größe? Oder bestimmen in unserer hochtechnisierten Gesellschaft nicht fast ausschließlich materielle, ökonomische Faktoren die Wertvorstellungen und das Handeln sowohl der Bevölkerung der ländlich-peripheren Räume als auch der Verdichtungsräume in gleicher Weise und lassen regionale Effekte vernachlässigbar in den Hintergrund treten?

2. Wenn unterschiedliche Raumausstattung und sogenannte immaterielle Werte eine regional differenzierte Identifikation bewirken, wie lassen sich diese verhaltens- und handlungsbestimmenden Wertmuster erfassen und für die Regionalplanung nutzbar machen, etwa im Hinblick auf die Steuerung der Raumbindung oder für gezielte Maßnahmen gegen die Abwanderung junger Altersgruppen?

3. Wie lassen sich solche neuen Regionen im Sinne von Gebieten der Selbstidentifikation räumlich abgrenzen, und wel-

che Komponenten beeinflussen die Raumbindung?

Diese drei Fragenkreise bildeten Schwerpunkte unserer Untersuchungen. Im folgenden sollen nun vor allem die beiden ersten Punkte behandelt werden, während sich mit dem 3. Aspekt der Aufsatz von FRIEDRICH und WARTWIG anschließend ausführlicher auseinandersetzt.

Es soll zunächst untersucht werden, in welchem Maße sich neben den durch die Sozialwissenschaften ausreichend nachgewiesenen gruppen- und schichtentypischen Verhaltensweisen und Wertmaßstäben gebietsbezogene bzw. regionsspezifische Einstellungen und Wertmuster von planungsrelevanter Größe erkennen lassen.

Unsere Leithypothese geht davon aus, daß innerhalb der Kategorie "ländlich-peripherer Raum" gebietsweise differenziert unterschiedliche Raumvorstellungsbilder in der Bevölkerung vorhanden sind und ebenso gebietsverschiedene Einstellungen und Ansprüche an die "Lebensqualität". Wir gehen davon aus, daß diese regionalen Effekte Eingang in eine konzeptionelle Weiterentwicklung der Raumordnungspolitik finden müssen, indem eine verstärkte Eigen- und Selbstverwirklichung der betroffenen Bevölkerung in einer neuen "Region", definiert als Gebietskategorie der Selbstidentifikation, angestrebt wird.

Dazu wurden im Zeitraum 1981 - 1983 in Osthessen Untersuchungen durchgeführt, die finanziell von der Deutschen Forschungsgemeinschaft wesentlich unterstützt wurden. Der Deutschen Forschungsgemeinschaft sei an dieser Stelle ausdrücklich für die Förderung gedankt!

1. Der Untersuchungsraum - Osthessen als Fallbeispiel

Das Forschungsprojekt sah unter der genannten Zielsetzung Erhebungen in verschiedenen Gebieten des ländlich-peripheren Raumes der Bundesrepublik vor. Ausgangspunkt bildete die Planungsregion Osthessen, in deren östlichem Teil auch die Pretests stattfanden. Erkenntnisse dieser Vorerhebungen wurden in Auszügen von ALTKRÜGER-ROLLER und FRIEDRICH (1982) in dieser Schriftenreihe veröffentlicht.

In diesem Heft sollen nun Ergebnisse der Haupterhebung in der Region Osthessen als abgeschlossener erster Teil des Gesamtprojektes vorgelegt werden. Es ist vorgesehen, in einem nächsten Schritt analoge Analysen in ländlich-peripheren Gebieten des badischen Baulandes durchzuführen. Einen ersten Einstieg dazu bildete eine kleinere Befragung in der Gemeinde Rosenberg. Ihre Ergebnisse dienten als Kontrolldaten für die Untersuchungen in Osthessen und fanden stellenweise Berücksichtigung in den nachfolgenden Ausführungen.

1.1. Die Untersuchungsgemeinden - Strukturelle Aspekte und Auswahlkriterien

Für die Auswahl der Untersuchungsgemeinden wurden unter Berücksichtigung der dargelegten Ziele der Erhebung die folgenden Kriterien angelegt:

a. Strukturschwäche entsprechend der Definition der Raumordnung

b. Streuung der Gemeindetypen

c. Unterschiedliche Raumlagen betr. naturräumlicher Ausstattung; Distanz zu Verdichtungsräumen; historische Territorialentwicklung.

1.1.1. Strukturelle Charakterisierung

Die 23 ausgewählten Gemeinden bzw. Gemeindeteile der Hauptuntersuchung (s. Abb. 1) liegen im Bereich der ehemaligen
Planungsregion Osthessen; 12 Orte gehören dem Vogelsbergkreis (Kreisteil Lauterbach), 11 dem nördlichen Teil des
Landkreises Fulda (ehemaliger Kreis Hünfeld) an.

- Damit sind Landkreise bzw. Kreisteile erfaßt, deren Gemeinden nach dem LANDESENTWICKLUNGSPLAN HESSEN 80 (LEP)
  besondere Strukturschwächen (negativer Wanderungssaldo,
  unzureichendes Angebot an außerlandwirtschaftlichen Arbeitsplätzen, geringe Realsteuerkraft und niedriges BIP
  pro Kopf der Bewohner) aufweisen und somit als Entwick-
  lungsgebiete in der planerischen Raumgliederung geführt
  werden. (Zur planerischen Raumgliederung s. RAUMORDNUNGS-
  BERICHT FÜR DIE REGION OSTHESSEN (RPO) 1973/74; LANDES-
  ENTWICKLUNGSBERICHT HESSEN 1970-1978, 1980; LEP 80).

- Außerdem sind alle 23 ausgewählten Orte aufgrund ihrer
  besonderen Strukturmerkmale den Kategorien

      Zonenrandgebiete und
      Hessische Aktionsgebiete zugeordnet.

- Mit Ausnahme von Frischborn, Heblos, Angersbach (Vogelsbergkreis) und Burghaun, Steinbach (Kreis Fulda) gehören
  die ausgewählten Orte auch zu den von der Natur benachteiligten Gemeinden (NG bzw. Bergbauernprogramm).

- Alle Untersuchungsorte liegen in Fördergebieten der "Gemeinschaftsaufgabe zur Verbesserung der regionalen Wirtschaftsstruktur" (GRW bzw. GA).

a) Bevölkerungsentwicklung

Aufgrund der Gebietsreform von 1972 ist eine vergleichende
Betrachtung der Bevölkerungsentwicklung aller Untersuchungsorte nur für die Zeit bis 1970 möglich.

HESSEN

Lage der Untersuchungsgemeinden

Niedersachsen

Landkreis Kassel

KASSEL

Nordrhein-Westfalen

Landkreis Waldeck-Frankenberg

Werra-Meißner-Kreis

Schwalm-Eder-Kreis

Landkreis Hersfeld-Rotenburg

Landkreis Marburg-Biedenkopf

Vogelsbergkreis

Ufhausen

DDR

Eiterfeld
Treischfeld
Steinbach
Rasdorf
Schlotzau
Setzelbach
Burghaun
(Nüsttal)
Mittelaschenbach
Heblos
(Wartenberg)
(Lauterb.)
Hofaschenbach
Frisch-born
Angersbach
Morles
Landkreis   Fulda
Ulrichstein
Herbstein
Feldkrücken
Schadges
Ilbeshausen
Heisters
Grebenhain
Freiensteinau
Fleschenbach

Landkreis Gießen

Wetteraukreis

Main-Kinzig-Kreis

Bayern

FRANFURT A.M.

OFFENBACH A.M.

● Untersuchte Kerngemeinde
× Untersuchter Ortsteil

▦ Untersuchungsschwerpunkt Vogelsberg
▨ Untersuchungsschwerpunkt Rhön

0   10   20   30 km

Kartengrundlage: Hessen 1:200 000,
Verwaltungsgrenzenausgabe 1982

Abb. 1

Tab. 1: Bevölkerungsentwicklung der Untersuchungsorte
        1950 - 1961 - 1970

Vogelsberggemeinden

Gemeinde	Einw. 1950	Einw. 1961	Einw. 1970	Bev.-Entw. 1950-1961	Bev.-Entw. 1961-1970
Grebenhain	1214	1007	943	-17,1	-6,4
Ilbeshausen	1376	989	937	-28,1	-5,3
Heisters	176	127	106	-27,8	-16,5
Herbstein	2072	1706	1882	-17,7	10,3
Schadges	108	107	82	-0,9	-23,4
Freiensteinau	1009	862	938	-14,6	8,8
Fleschenbach	179	137	117	-23,5	-14,6
Ulrichstein	1165	914	829	-21,5	-9,3
Feldkrücken	364	300	271	-17,6	-9,7
Frischborn	1133	945	1022	-16,6	8,1
Heblos	386	349	317	-9,6	-9,2
Angersbach	2272	2097	2186	-7,7	4,2
Kerngemeinden	7732	6586	6778	-14,8	2,9
Ortsteile	3722	2954	2852	-20,6	-3,5
Insgesamt	11454	9540	9630	-16,7	0,9

Rhöngemeinden

Gemeinde	Einw. 1950	Einw. 1961	Einw. 1970	Bev.-Entw. 1950-1961	Bev.-Entw. 1961-1970
Hofaschenbach	498	416	427	-16,5	2,6
Morles	476	384	426	-19,3	10,9
Mittelaschenb.	323	292	275	-9,6	-5,8
Eiterfeld	1251	1201	1683	-4,0	9,9
Treischfeld	264	197	172	-25,4	-12,7
Ufhausen	1063	852	921	-19,8	8,1
Rasdorf	1329	1261	1308	-5,1	3,7
Setzelbach	287	214	191	-25,4	-10,7
Burghaun	1978	1841	2121	-6,9	15,2
Steinbach	1194	1089	1146	-8,8	5,2
Schlotzau	482	329	300	-31,7	-8,8
Kerngemeinden	5056	4719	5539	-6,7	17,4
Ortsteile	4089	3357	3431	-17,9	2,2
Insgesamt	9145	8076	8970	-11,7	11,1

(Quelle: HESS. GEMEINDESTATISTIK 1971)

Alle Gemeinden zeigen für den Zeitraum 1950-61 eine rückläu-
fige Bevölkerungsentwicklung. Besonders stark ist dieser
Prozeß im Volgelsberg und hier wiederum bei den kleineren
Gemeinden feststellbar. Auch wenn in diesen rückläufigen
Zahlen des Zeitraumes 1950-61 die Flüchtlingsabwanderungen
einen großen Anteil haben, sind bereits Wegzüge Einheimi-
scher maßgeblich an dieser negativen Entwicklung beteiligt.

Im folgenden Zeitraum 1961-70 differenziert sich das Bild:
insbesondere in den Gemeinden der Rhön stabilisiert sich
weitgehendst die Bevölkerungsentwicklung; die Kerngemeinden,
voraus Eiterfeld und Burghaun, weisen sogar erhebliche Bevölkerungszunahmen auf (+ 9,9 % ; + 15,2 %). Lediglich die
kleineren Ortsteile (Mittelaschenbach, Treischfeld, Setzelbach, Schlotzau) haben auch in diesem Zeitraum eine negative Bevölkerungsentwicklung.

Im Vogelsberg ist eine ähnliche Differenzierung in der Entwicklung der heutigen Kerngemeinden und jener der Ortsteile
zu erkennen. Allerdings ist die Bevölkerungsstabilisierung
bzw. leichte Zunahme im Zeitraum 1961-70 erheblich geringer
als in der Rhön.

Die Gründe für diese Bevölkerungsentwicklung beider Regionen
sind für den genannten Zeitraum u.a. in der Bereitstellung
von Arbeitsplätzen in neuerrichteten (Zweig-)Betrieben zur
Zeit der Hochkonjunktur Mitte der 60er Jahre zu erklären
(vgl. u.a. MAY 1968). So stieg z.B. die Zahl der Beschäftigten in nichtlandwirtschaftlichen Betrieben in Herbstein von
944 im Jahre 1961 auf 1100 in 1970, um dann auf 877 im Jahre
1980 abzusinken (HESS. GEMEINDESTATISTIK, HLT/HZD 1982). In
dieser Entwicklung wird das Problem der "verlängerten Werk-
bänke" (Zweigbetriebe) erkennbar. (In den Untersuchungsgebieten trifft dies vor allem für Textil- und Kleiderfabriken
zu; vgl. AGRARSOZIALE GESELLSCHAFT 1970).

Die jüngste Bevölkerungsentwicklung ist leider nur auf der
Basis der Großgemeinden zu verfolgen. Um eine Vergleichbarkeit herzustellen, wurden in der folgenden Übersicht für die

16

Großgemeinden auch die Bevölkerungszahlen für 1970 und 1961 ausgewiesen.

Tab. 2: Bevölkerungsentwicklung der Großgemeinden

Gemeinde	Einwohner				Bevölkerungsentwicklung in %		
	1950	1961	1970	1981	50-61	61-70	70-81
Freiensteinau	4096	3352	3406	3154	-18,2	1,6	-7,4
Grebenhain	6458	5087	4884	4753	-21,2	-4,0	-2,7
Herbstein	5404	4721	4845	4536	-12,6	2,6	-6,4
Lauterbach	15045	14651	14927	14606	- 2,6	1,9	-2,2
Ulrichstein	4564	3560	3375	3166	-22,0	-5,2	-6,2
Wartenberg	3480	3293	3405	3479	- 5,4	3,4	2,2
Burghaun	6545	5437	5746	5659	-16,9	5,7	-1,5
Eiterfeld	7720	6628	7044	7015	-14,1	6,3	-0,4
Nüsttal	2881	2383	2432	2476	-17,3	2,1	1,8
Rasdorf	1967	1735	1731	1602	-11,8	0,2	-7,5

(Quelle: HESS. GEMEINDESTATISTIK, HLT/HZD 1982)

Aus dieser Übersicht ist klar ersichtlich, daß die teilweise positive Bevölkerungsentwicklung des Zeitraums 1961-70 erneut von einem insgesamt negativen Trend in den Jahren 70-81 abgelöst wurde. Lediglich Wartenberg und Nüsttal weisen für diesen Abschnitt noch Bevölkerungszunahmen auf.

b) Wanderungen

Die aufgezeigten, überwiegend negativen demographischen Entwicklungen sind in erster Linie das Ergebnis von Wanderungsbewegungen: Die junge, ins Erwerbsleben kommende Bevölkerung im Alter von 18 bis 25 Jahren wandert in die Verdichtungsräume mit ihrem größeren, qualitativ besseren Arbeitsplatzangebot ab. Aus den absoluten Zahlen der Bevölkerungsentwicklung ist dieser Abwanderungsprozeß nur teilweise erkennbar, da er durch die Zuwanderung älterer Personen (Rentner, Pensionäre) z.T. ausgeglichen wird. Das tatsächliche Ausmaß der Wanderungsbewegung, d.h. Abwanderung jüngerer und Zuwan-

derung älterer Bevölkerung wird deutlich durch die folgende
Tabelle der Wanderungssalden nach Altersgruppen für den
Zeitraum 1974-1981. Erfaßt sind die beiden Landkreise Fulda
und Vogelsberg sowie zum Vergleich der Regierungsbezirk
Darmstadt, stellvertretend für den Verdichtungsraum Rhein-
Main.

Tab. 3: Wanderungssalden nach Altersgruppen
        1.1.1974 - 31.12.1981

		unter 18	18-25	25-30	30-50	50-65	65 u. mehr
Lk Fulda	insges.	1225	-2217	-263	422	1188	927
	davon Erwerbs-pers.	-206	-1312	-465	50	368	5
Vogels-bergkreis	insges.	1149	-2767	-132	643	915	234
	davon Erwerbs-pers.	580	-1711	-353	270	365	-12
RB Darm-stadt	insges.	31343	57867	19957	-23488	-7403	3309
	davon Erwerbs-pers.	4407	40993	17393	-19574	-6710	-629

(Quelle: HLT/HZD 1982, Tab. 8.1.)

Das Problem der sozialen Erosion in den Gemeinden des ländlichen Raumes wird in diesen Zahlen offensichtlich: Abwanderung der aktiven jungen und im Erwerbsleben stehenden Bevölkerung in die Verdichtungsräume auf der einen, Überalterung
der Bevölkerung des ländlichen Raumes auf der anderen Seite.
Sehr deutlich läßt sich diese Situation auch in der Abbil-
dung 2 erkennen.

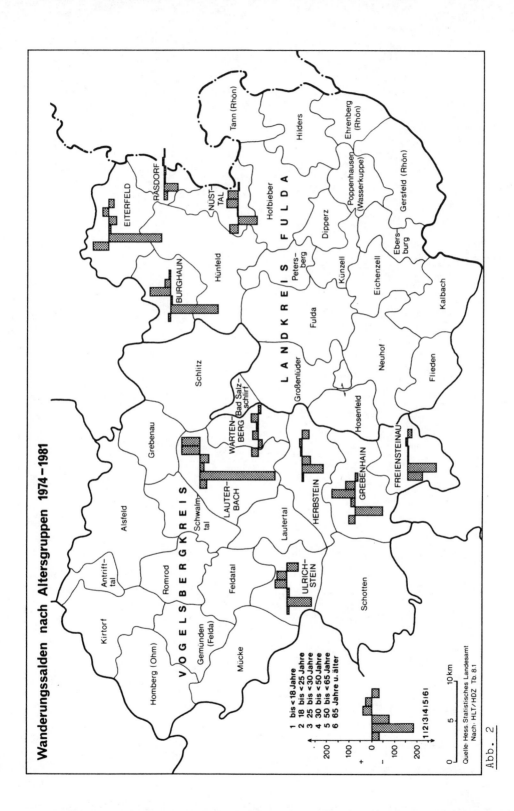

Wanderungssalden nach Altersgruppen 1974–1981

1 bis <18 Jahre
2 18 bis <25 Jahre
3 25 bis <30 Jahre
4 30 bis <50 Jahre
5 50 bis <65 Jahre
6 65 Jahre u. älter

1|2|3|4|5|6|

0   5   10 km

Quelle: Hess. Statistisches Landesamt
Nach: HLT / HDZ Tb 8.1

Abb. 2

c) Altersaufbau der Untersuchungsgemeinden

Diese aufgezeigten Wanderungsbewegungen führten dazu, daß
vor allem die ausgewählten Untersuchungsgemeinden des Vogelsberges überdurchschnittlich hohe Anteile in den Altersgruppen über 60 Jahre besitzen.

Tab. 4: Anteil der Bevölkerung über 60 bzw. 65 Jahre 1981

Gemeinde	über 60 Jahre in %	über 65 Jahre in %
Freiensteinau	20,0	14,8
Grebenhain	23,2	18,2
Herbstein	22,7	18,2
Lauterbach	24,5	19,0
Ulrichstein	22,6	17,4
Wartenberg	21,9	17,5
Vogelsbergkreis (insges.)	22,4	17,5
Burghaun	20,0	15,7
Eiterfeld	16,7	13,0
Nüsttal	17,3	13,2
Rasdorf	21,5	16,9
Kreis Fulda (insges.)	20,1	15,7
Hessen	19,8	15,3

(Quelle: HLT/HZD 1982)

Da es sich bei diesen Angaben um Werte für die Großgemeinden
(Kerngemeinden mit Ortsteilen) handelt, ist davon auszuge-
hen, daß die Überalterung in den verkehrsungünstiger und
schlechter ausgestatteten Ortsteilen noch stärker ausgeprägt
ist. Dazu einige ausgewählte Daten aus dem Jahre 1970:

Tab. 5: Gemeinden mit extrem hohem Anteil an Personen über
60 bzw. 65 Jahre 1970

Gemeinde	über 60 Jahre in %	über 65 Jahre in %
Ilbeshausen	28,4	20,4
Schadges	31,7	26,8
Ulrichstein	28,1	18,9
Heisters	28,3	21,7
Grebenhain	42,2	17,2
Setzelbach	24,1	14,1

(Quelle: HESS. GEMEINDESTATISTIK 1971)

d) Erwerbstätigkeit und Arbeitsstätten

Die Arbeitsplatzsituation hat sich in den meisten Untersuchungsgemeinden von 1970 bis 1980 erheblich verschlechtert:
Bis auf Burghaun, Grebenhain und Lauterbach nahmen in allen
Untersuchungsorten die Beschäftigtenzahlen für diesen Zeitraum ab. Vor allem Rasdorf hatte einen besonders hohen Be-
schäftigtenverlust von rund 50 %. Die übrigen Großgemeinden
zeigten folgende Entwicklung:

Tab. 6: Beschäftigtenentwicklung 1970 - 1980 (in Prozent)

Eiterfeld	-19,6	Herbstein	-20,3
Nüsttal	- 5,3	Ulrichstein	-26,5
Freiensteinau	-21,3	Wartenberg	-24,1

(Quelle: HLT/HZD 1982)

Dieser negative Trend geht insbesondere auf die Reduktion
von Arbeitsplätzen in den Bereichen Handel und Verarbeiten-
des Gewerbe zurück. Die Entwicklung in den einzelnen Wirtschaftsbereichen ist der Aufstellung in Tab. 8 zu entnehmen.

Es muß allerdings angemerkt werden, daß die Beschäftigungs-
entwicklung des Kreises Fulda insgesamt für den Zeitraum
1970 - 80 mit einer Zunahme um 5 % leicht positiv ist (Vogelsbergkreis -5 %). Durch neue Arbeitsplätze, insbesondere
in der Stadt Fulda (1970 - 80 + 2272 Beschäftigte, vor allem im Öffentlichen Dienstleistungsbereich s. HLT/HZD 1982)
sowie in Eichenzell (1970 - 80 + 855 Beschäftigte, vor allem im Verarbeitenden Gewerbe Industriepark Rhön!), konnte
regional ein gewisser Ausgleich für den Abgang von Arbeitsplätzen in den übrigen Gemeinden des Kreises geschaffen werden.

Die Beschäftigung in der Landwirtschaft ist in den Untersuchungsgebieten durch die problematische Situation dieses
Wirtschaftszweiges aufgrund naturräumlicher Ungunst, be-
triebswirtschaftlicher Strukturschwächen und marktwirt-
schaftlicher Umorientierung (vgl. dazu AGRARSOZIALE GESELL-
SCHAFT 1970) zwar stark rückläufig, lag aber 1970 sowohl im
Kreis Fulda (12,9 % aller Erwerbstätigen) als auch im Kreisteil Lauterbach (19,2 %) noch erheblich über dem hessischen
Durchschnitt von 4,7 % (Landkreise 6,3 %) (vgl. RPO Tab.
2.6.).

Besonders hohe Anteile an landwirtschaftlichen Erwerbstätigen wiesen folgende Untersuchungsgemeinden auf:

Tab. 7: Anteil der landwirtschaftlichen Erwerbstätigen an
der Gesamtzahl der Erwerbstätigen am Wohnort 1970 in
ausgewählten Gemeinden

Setzelbach	61,4 %	Fleschenbach	67,1 %
Treischfeld	47,8 %	Heisters	65,5 %
Mittelaschenbach	37,4 %	Feldkrücken	46,7 %
Morles	34,3 %	Heblos	45,5 %
		Freiensteinau	38,1 %
		Ilbeshausen	36,9 %

(Quelle: HESS. GEMEINDESTATISTIK 1970/71)

Tab. 8.: Beschäftigte nach Wirtschaftsbereichen 1970/1980

	Beschäftigte insgesamt ohne Landwirtschaft			Energie/Bergbau Verarb. Gewerbe			Baugewerbe			Handel			Sonst. Dienstl. (Verkehr, Kreditw., priv. u. öff. Dienst)		
	1970	1980	% 70-80	1970	1980	% 70-80	1970	1980	% 70-80	1970	1980	% 70-80	1970	1980	% 70-80
Burghaun	935	1015	8,6	419	529	26,3	113	141	24,8	139	113	-18,7	264	232	-12,1
Eiterfeld	1273	1023	-19,6	512	376	-26,6	236	178	-24,6	173	72	-58,4	352	397	12,8
Nüsttal	360	341	-5,3	111	124	11,7	100	131	31,0	41	12	-70,7	108	74	-31,5
Rasdorf	333	168	-49,5	188	82	-56,4	6	8	33,3	62	9	-85,5	77	69	-10,4
Freiensteinau	635	500	-21,3	274	296	8,0	73	93	27,4	78	25	-67,9	210	86	-59,0
Grebenhain	1336	1561	16,8	744	804	8,1	89	89	-	133	176	32,3	370	492	33,0
Herbstein	1100	877	-20,3	455	342	-24,8	206	236	14,6	176	63	-64,2	263	236	-10,3
Lauterbach	6986	7081	1,4	3827	3301	-13,7	394	447	13,5	1021	838	-17,9	1744	2495	43,1
Ulrichstein	638	469	-26,5	285	190	-33,3	61	84	37,7	96	27	-71,9	196	168	-14,3
Wartenberg	1097	833	-24,1	352	217	-38,4	580	405	-30,2	67	44	-34,3	98	167	70,4

(Quelle: HLT/HZD 1982 Tb. 9.4.)

e) Arbeitslosigkeit

Die Arbeitslosenquote ist im Untersuchungsgebiet hoch. Ganz allgemein kann man feststellen, daß sie im nördlichen und mittleren Hessen beträchtlich höhere Werte als in Südhessen erreicht (vgl. Abb. 3).

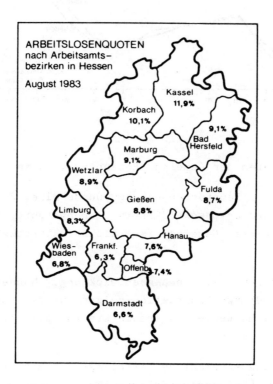

Abb. 3

Da Angaben zur Arbeitslosigkeit nur auf der Basis von Arbeitsamtsbereichen vorlagen, dürften die Werte im Gebiet Hünfeld für August 1983 zwischen den Quoten der Arbeitsamtsbezirke Fulda und Bad Hersfeld bei etwa 9 % liegen. Die Situation im Vogelsbergkreis scheint vergleichsweise etwas günstiger zu sein (Gießen 8,8 %) (vgl. dazu auch Abb. 4).

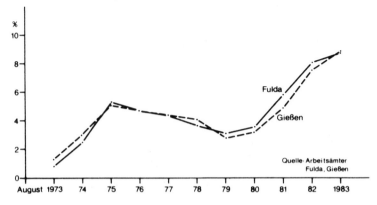

Arbeitslosenquote in den Arbeitsamtsbezirken Fulda und Gießen

Abb. 4

f) Strukturdaten der Gemeinde Rosenberg (Bauland)

Zusätzlich zur Hauptuntersuchung wurde eine Stichprobe in
Rosenberg (Neckar-Odenwald-Kreis) durchgeführt (s. Einlei-
tung). Auch diese Gemeinde ist als strukturschwach zu bezeichnen.

Die Indikatoren Bevölkerungsentwicklung, Wanderungen, Altersaufbau und Erwerbssituation zeigen für die Gemeinde Rosenberg ähnliche Werte und Trends wie für die Untersuchungsgemeinden Osthessens:

Die Bevölkerungsentwicklung Rosenbergs ist mit Ausnahme einer kurzen Nachkriegsperiode (Bevölkerungszuwachs durch Aufnahme von Flüchtlingen) kontinuierlich negativ (1950 - 1981:
-23,7 %). Heute leben in der Großgemeinde rund 2000 Einwoh-
ner, davon die Hälfte in der Kerngemeinde Rosenberg.

Tab. 9: Bevölkerungsentwicklung der Großgemeinde Rosenberg

Jahr	Einwohner
1950	2615
1961	2164
1970	2112
1981	1994

Auch in Rosenberg und im gesamten Neckar-Odenwald-Kreis ist
die Bevölkerungsabnahme auf negative Wanderungssalden zu-
rückzuführen; auch hier ist es die jüngere, ins Erwerbsleben
tretende Bevölkerung, die abwandert. Zuwanderung dagegen erfolgt überwiegend durch ältere Personen (vgl. Tab. 10).

Tab. 10: Wanderungssalden nach Altersgruppen im Neckar-Odenwald-Kreis. Zeitraum 1974 - 1981

Altersgruppe	Wanderungssaldo
0 - unter 18 Jahre	- 3
18 - " 25 "	-2132
25 - " 65 "	- 569
über 65 "	+ 325

(Quelle: LANDRATSAMT NECKAR-ODENWALD-KREIS)

Der Altersaufbau ist damit durch eine starke Überalterung
gekennzeichnet: Der Anteil der über 65jährigen in Rosenberg
betrug im Jahre 1976 16,7 % (Kreisdurchschnitt: 14,4 %). Der
Anteil der Jugendlichen und vor allem der Altersgruppe 18 -
45 Jahre war dagegen erheblich niedriger als der Kreisdurchschnitt.

Die Erwerbstätigkeit wird noch stark von der Landwirtschaft
bestimmt: 36,1 % der Erwerbspersonen Rosenbergs waren 1970
in diesem Wirtschaftsbereich tätig. Der Anteil ist allerdings weiterhin rückläufig, wobei ein großer Teil der ehe-
mals landwirtschaftlich Beschäftigten in das Bau- und Aus-
baugewerbe überwechselt.

Insgesamt gesehen ist die Erwerbssituation im Bauland bzw.
im Neckar-Odenwald-Kreis als strukturschwach zu bezeichnen:
Niedriges Einkommen (19 % unter Landesdurchschnitt), Abnahme
der industriellen Arbeitsplätze (1972 - 1979: -5 %), Rück-
gang der Arbeitsplätze in Betrieben über 500 Beschäftigten
um rund 40 % im Zeitraum 1972 - 1975, niedriges Bruttoin-
landsprodukt pro Kopf der Wirtschaftsbevölkerung (1976: 22 %
unter Landesdurchschnitt) (vgl. LANDRATSAMT NECKAR-ODENWALD-

KREIS). Rosenberg und der Neckar-Odenwald-Kreis gehören aufgrund dieser Strukturschwächen zu den Fördergebieten im Rahmen der "Gemeinschaftsaufgabe zur Verbesserung der regionalen Wirtschaftsstruktur".

g) Die aufgezeigten sozioökonomischen Merkmale der Untersuchungsorte im Vogelsberg, in der Rhön und im Bauland zeigen
damit deutliche Eigenschaften des strukturschwachen, ländlich-peripheren Raumes, wie sie in zahlreichen Untersuchungen und Raumordnungsprogrammen dargestellt wurden (s. u.a.
KONRAD ADENAUER STIFTUNG 1974; GATZWEILER 1979; STORBECK
1976; LEP 80).

1.1.2. Gemeindetypen und Raumlage als Auswahlkriterien der
Untersuchungsorte

Bei der Auswahl der Untersuchungsorte wurde darauf geachtet,
eine ausreichende Streuung von Gemeindetypen zu erreichen.
Nach der Klassifikation des RAUMORDNUNGSPROGRAMMS OSTHESSEN
1973/74 waren die ausgewählten Beispielgemeinden im Jahre
1970 folgenden Typen zuzuordnen:

Typ

Wohngemeinden (W)   =   5 Gemeinden
Gewerbliche Gemeinden (GI + GII) = 11 Gemeinden
Gewerbl.-landw. Mischgem. (M)   =   1 Gemeinde
Landw. Gemeinden (LI + LII)   =   6 Gemeinden

Ein weiteres wichtiges Auswahlkriterium bildete die Raumlage
der Untersuchungsorte unter den folgenden Aspekten:

1. Lage in Gebieten, die durch unterschiedliche naturräumliche Ausstattung und historische Entwicklung gekennzeichnet sind.
2. Lage in Gebieten, die unterschiedliche Distanzen zu Verdichtungsräumen aufweisen.

28

Abb. 5: Luftbild Rasdorf in der Rhön
(Bild-Nr. 1433, Flugjahr 1981)

Diese zusätzlichen Forderungen zielten darauf ab,

a) die Frage nach einem bodenständig entwickelten tradierten Verhalten mit Bedeutung für die Raumordnungspolitik, und

b) die Frage nach dem Einfluß urbanisierter Lebensformen auf ein regional zu fassendes Verhalten im ländlichen Raum zu klären.

Die ausgewählten Gebiete erfüllen diese Forderungen (vgl. dazu HANDBUCH DER NATURRÄUMLICHEN GLIEDERUNG 1953 - 1962; HERR 1976):

1. Die Gemeinden des Kreisteiles Lauterbach liegen im nord-östlichen Teil des Vogelsberges (naturräumlich: Oberwald und Unterer Vogelsberg) und gehörten territorial (18. Jh.) über-wiegend zur Landgrafschaft Hessen Darmstadt bzw. zu reichs-ritterschaftlichen Territorien (Ausnahme: Herbstein - zu Fulda gehörig). Die Verbindung dieser Vogelsberggemeinden zu den Kernstädten des Rhein-Main-Gebietes ist durch diese hi-storischen Bindungen traditionell eng und durch jüngere so-zioökonomische Verflechtungen (Pendlerwesen, Betriebsver-flechtungen) verstärkt worden. Konfessionell ist die Bevöl-kerung dieses Gebietes fast ausschließlich evangelisch.

2. Die Beispielgemeinden des nördlichen Kreises Fulda sind naturräumlich der Vorderen und der Kuppenrhön bzw. dem Ful-da-Haune-Tafelland (Burghaun) zuzuordnen. Historisch gehör-ten sie zur Fürstabtei Fulda, die Bevölkerung ist daher überwiegend katholisch. Die soziale und wirtschaftsräumliche Orientierung ist auch heute noch sehr stark auf dieses Ober-zentrum ausgerichtet. Demgegenüber ist die Verflechtung dieser Gemeinden mit den Verdichtungsräumen Rhein-Main und Kassel vergleichsweise geringer, u.a. auch durch die größere Verkehrsferne.

2. Die Datenerhebung

Die Haupterhebung in den 23 Untersuchungsorten der Rhön und des Vogelsberges wurde als systematische Stichprobe mit Zu-fallsstart durchgeführt. Das Kommunale Gebietsrechenzentrum

Gießen zog sie gemeindeweise als 5 % - Stichprobe unter allen Deutschen im Alter von 15 - 70 Jahren mit dortigem Hauptwohnsitz.

Alle von der Stichprobe erfaßten Personen wurden vor den Befragungsterminen durch ein persönliches Anschreiben sowie durch Artikel in den regionalen Tageszeitungen und den Gemeindeblättern über die Ziele der Erhebung informiert (vgl. Anhang). Durch diese intensive Vorbereitung konnte eine relativ hohe Rücklaufquote von 68,4 % (bezogen auf die Stichprobe) erreicht werden. Tatsächlich war die Zahl der echten Verweigerer sehr gering, denn die ausstehenden 31,6 % setzten sich überwiegend aus Personen zusammen, die ihren Wohnsitz inzwischen verlegt hatten bzw. trotz mehrmaligen Aufsuchens nicht angetroffen wurden.

Tab. 11: Stichprobengröße und Zahl der Interviews

Vogelsberggemeinden	Stichprobengröße	Interviews
Grebenhain	32	19
Ilbeshausen	32	20
Heisters	4	4
Herbstein	64	43
Schadges	2	2
Freiensteinau	31	24
Fleschenbach	7	7
Ulrichstein	26	18
Feldkrücken	12	11
Frischborn	37	23
Heblos	17	16
Angersbach	79	48
Insgesamt	343	235

Rhöngemeinden	Stichprobengröße	Interviews
Hofaschenbach	17	12
Morles	15	13
Mittelaschenbach	8	8
Eiterfeld	49	36
Treischfeld	6	6
Ufhausen	31	21
Rasdorf	42	26
Setzelbach	6	6
Burghaun	76	43
Steinbach	39	24
Schlotzau	13	13
Insgesamt	302	208

Die Interviews wurden im Sommer 1982 (Juni/Juli) von 16 studentischen Interviewern, die bereits Erfahrungen aus den
Pretests besaßen, durchgeführt. Zusätzlich fand dann im Rahmen eines Geländepraktikums im Frühjahr 1983 die erwähnte
kleinere Erhebung (36 Interviews) in der Gemeinde Rosenberg
(Badisches Bauland) statt. Die statistische Auswertung der
Befragungen konnte im Rechenzentrum der TH Darmstadt vorge-
nommen werden. Dabei wurden ausschließlich SPSS-Programme
verwendet.

3. Regionale Raumbewertung durch die Bevölkerung ausgewähl-
ter Gemeinden des Vogelsberges und der Rhön

In Kapitel 1 wurde dargelegt, daß die Untersuchungsgebiete
zwar gemeinsame Merkmale der Strukturschwäche im sozioökonomischen Bereich aufweisen, daß sie aber auch deutliche Unterschiede in der naturräumlichen Ausstattung, in der Distanz zu Verdichtungsräumen, in der konfessionellen Struktur
der Bevölkerung und in der historischen Entwicklung besitzen.

Diese Unterschiede müßten u.E. im Sinne der in der Einlei-
tung formulierten Hypothesen zu unterschiedlichen Raumbewer-

tungsmustern der Bevölkerung, zu unterschiedlichen Einstellungen, Wertmustern und Verhaltensweisen und damit zu unterschiedlichen Ansprüchen an die Raum- und Regionalplanung führen.

Dem soll die Auffassung gegenübergestellt werden, daß bei dem heutigen gesellschaftlichen Entwicklungsstand regionale Effekte für Verhaltensweisen und Bewertungsmuster vernachlässigbar sind, da sie sich fast ausschließlich aus gruppenspezifischen Ansprüchen und Bedürfnissen erklären lassen.

Zur Klärung dieser beiden sich widersprechenden Hypothesen wurde zunächst untersucht, in welchem Maße unterschiedliche Raumvorstellungen und Raumbewertungsmuster bei der Bevölkerung der beiden Untersuchungsgebiete erkennbar und nachweisbar sind. Im Unterschied zum engeren Perzeptionsansatz, der seine Theorie von der subjektiven Wahrnehmung des Individuums ableitet, wird hier davon ausgegangen, daß die Summe der individuellen Raumvorstellungsbilder das Raumbild einer Gebietsbevölkerung ergibt, daß also Informationen durch ein gemeinsames "regionsspezifisches" Filter, d.h. Wertesystem, selektiv aufgenommen werden und so in starkem Maße zu einem regional faßbaren Selbstimage mit beitragen. Dieser Ansatz ist methodisch durchaus nicht unproblematisch (vgl. WIRTH 1981) und muß sicherlich noch durch weitere empirische Untersuchungen abgesichert werden.

Zur Erfassung von regionalen Selbstimages - wobei "regional" hier im Sinne von Gebiet ohne festgelegte äußere Grenze verstanden werden soll - wurde in folgenden Schritten mit schwerpunktmäßigen Fragestellungen vorgegangen:
1. Gibt es Unterschiede in der Zufriedenheit der Bevölkerung der beiden Untersuchungsgebiete mit ihren Wohn- und Lebensbedingungen?
2. Welche Merkmale werden von den Bewohnern der beiden Gebiete in positiver und in negativer Hinsicht als raumbestimmend genannt?
3. Ergeben sich bei einer konkreten Benotung ausgewählter raumstruktureller Merkmale signifikante Unterschiede in den Auffassungen der Bewohner beider Untersuchungsgebiete?

Für die Hypothese der Existenz regionaler Wertesysteme
stellte sich außerdem die Frage nach der Bedeutung von
Grundeinstellungen der Bevölkerung als Ursachenkomponenten,
d.h. Einstellungen, die im weitesten Sinne mit Begriffen wie
konservativ, traditionell, aufgeschlossen u.ä. umschrieben
werden können. Hierzu wurde versucht, eine Beurteilung (Benotung durch die Probanden) sog. immaterieller Werte wie
Heimat, kirchliches Leben, Dorfgemeinschaft u.a. heranzuzie-
hen.

Weiterhin schien es sinnvoll, unter diesem Themenkomplex das
Großstadtimage als "Gegenraumbild" und damit potentiellem
Bewertungsmaßstab für die Urteilsbildung der ländlichen Bevölkerung zu analysieren. Dazu sollte durch die Frage nach
den tatsächlichen Stadtkontakten eine Ergänzung bzw. Überprüfung der Beurteilungen erfolgen.

3.1. Zufriedenheit mit dem Wohnort

Die Frage nach der Zufriedenheit mit der Lebensqualität am
Wohnort ist als erster Einstieg in das Interview zu sehen
und daher in ihrem Aussagewert nur sehr eingeschränkt zu bewerten. Dennoch erstaunt unter dem Aspekt der ständig postulierten unzufriedenen Stimmung in der ländlichen Bevölkerung
der überraschend hohe Zufriedenheitsgrad der Probanden von
91,4 %. Ähnliche Ergebnisse sind allerding auch aus anderen
Untersuchungen im ländlichen Raum bekannt (vgl. z.B. KLUCZKA
1983).

Tab. 12: Zufriedenheit mit dem Wohnort (Angaben in %)

	Vogelsberg	Rhön	insgesamt
unzufrieden	0,9	1,9	1,4
zufrieden	90,9	91,8	91,4
teilweise	8,2	6,3	7,3

Die Tab. 12 zeigt, daß regionale Unterschiede im Zufriedenheitsgrad nicht erkennbar sind. Das gleiche gilt auch für
eine gruppenspezifische Auswertung nach Alter, Stellung im
Beruf und Bildung.

3.2. Positive und negative Merkmale des Wohnortes

Da die Frage nach der Zufriedenheit eventuell zu unüberleg-
ter emotionaler bzw. zu psychologisch gehemmter Meinungsäu-
ßerung führen konnte, ist dem nächsten Schritt in der Erhebung, nämlich der Nennung positiver und negativer Merkmale
des Wohnortes und des Erlebnisraumes, größeres Gewicht bei-
zumessen.

Der Anteil derjenigen, die nun reflektiert positive und negative Merkmale ihres Wohnortes anführen konnten, reduzierte
sich dabei auf 77 %.

Eindeutig standen bei den genannten positiven Merkmalen die
natürlichen Umweltbedingungen und die sozialen Kontakte an
erster Stelle. Bei den negativen wurden vor allem schlechte
Verkehrsverbindungen und das fehlende Angebot an Freizeiteinrichtungen angeführt; erst danach folgte das ungünstige
Arbeitsplatzangebot (vgl. Tab. 13).

Tab. 13: Positive und negative Merkmale des Wohnortes
         (Angaben in %)

Positive Merkmale

	Vogelsberg	Rhön	insges.
Nat. Umweltbedingungen	70,5	70,6	70,5
Soziale Kontakte	33,5	34,4	33,9
Ländl. Atmosphäre	21,6	19,6	20,6
Heimatgefühl	9,6	9,8	9,7
Freiheitsgefühl	8,5	4,3	6,5

Negative Merkmale

Verkehrsverbindungen	33,3	51,7	42,5
Freizeiteinr./Kultur	31,7	23,3	27,5
Arbeitsplatzsituation	25,8	20,7	23,1
Einkaufsmöglichkeiten	15,8	17,5	16,7
Soziale Kontrolle	10,8	20,0	15,4
Schulische/ärztl. Ausst.	12,5	10,8	11,7

(N=339)

Überprüfen wir die Angaben unter dem Aspekt regionaler Unterschiedlichkeit, so ist die Hierarchie der positiven Merkmale und deren Nennungshäufigkeit in beiden Untersuchungsgebieten analog.

Anders verhält es sich bei den negativen Merkmalen, in deren
Nennungshäufigkeit doch deutliche regionale Unterschiede erkennbar sind. So gibt z.B. die Bevölkerung der Rhön eine erheblich negativere Stellungnahme zu den Verkehrsverhältnis-
sen in ihrem Gebiet ab (51,1 % gegenüber 33,3 % Vogelsberg).
Auch das Merkmal "Soziale Kontrolle", in zahlreichen Untersuchungen zum Abwanderungsproblem als besonders wichtiger
push-Faktor genannt, kommt in der Rhön als Negativum erheblich stärker zum Tragen (20 % gegenüber 10 %).

Diese unterschiedlichen Beurteilungen entsprechen realen Unterschieden in der Raumausstattung und zeigen damit eine
realistische Einschätzung der Situation durch die Betroffenen.

Am Beispiel des öffentlichen Personennahverkehrs kann dies
verdeutlicht werden: Die Zahl der regelmäßigen Busverbindun-
gen der Untersuchungsorte mit ihren Mittelzentren ist im Vo-
gelsberg im Durchschnitt beträchtlich höher als in der Rhön.
So verkehrten von Untersuchungsgemeinden des Vogelsberges im
Sommer 1983 durchschnittlich 7 - 8 Buspaare täglich nach
Lauterbach (Ausnahmen bildeten Heisters und Schadges (ohne
Verbindung) sowie Freiensteinau und Fleschenbach (mehr nach
Schlüchtern orientiert)).In den Rhöngemeinden fuhren dagegen
nur durchschnittlich 3 - 5 Busse nach Hünfeld (Ausnahmen:

Burghaun, Eiterfeld und Steinau mit günstigeren Verbindungen). Von den 11 Untersuchungsorten der Rhön besaßen 6 keine direkten ÖPN-Verbindungen mit dem nahen Oberzentrum Fulda (Angaben nach Kursbuch DB bzw. für private Linien nach Angaben der Gemeideverwaltungen)!

Neben diesen gebietsspezifischen Unterschieden in der Nennung von negativen Raummerkmalen traten allerdings auch sehr klare gruppenspezifische Unterschiede in der Nennungshierarchie hervor, bei denen regionale Effekte kaum wirksam waren. Dies zeigt sich vor allem in den Äußerungen der jüngsten Altersgruppe bis 21 Jahre, die in beiden Regionen in gleichem Maße den Mangel an Freizeiteinrichtungen und die Nachteile der sozialen Kontrolle als besondere Negativmerkmale empfindet (vgl. Tab. 14). Gerade die starke Kritik an mangelnden Freizeiteinrichtungen (57,1 % der Nennungen im Vogelsberg!) ist erstaunlich, da in dieser Richtung von der Regionalplanung in der Vergangenheit wesentliche Anstrengungen unternommen wurden. Anscheinend waren diese Bemühungen jedoch nicht in zufriedenstellendem Maße auf die Bedürfnisse Jugendlicher abgestimmt. In gleicher Weise sind die Ergebnisse der Befragung in der Gemeinde Rosenberg zu interpretieren.

Tab. 14: Negative Merkmale der Wohn- und Lebensqualität (Nennungshäufigkeit in Prozent der jeweiligen Altersgruppe)

Merkmal	Region	15-21	21-45	45-65	üb.65 Jahre*
Verkehrs-situation	Vogelsberg	22,9	34,9	45,7	14,3
	Rhön	35,1	54,3	67,6	33,3
Freizeitmög-lichkeiten	Vogelsberg	57,1	23,3	20,0	14,3
	Rhön	37,8	17,4	17,6	0
Arbeitsplatz-situation	Vogelsberg	11,4	34,9	33,3	0
	Rhön	16,2	21,7	26,5	0
Einkaufsmög-lichkeiten	Vogelsberg	14,3	21,4	11,4	14,3
	Rhön	2,7	28,3	14,7	66,7
Soziale Kon-trolle	Vogelsberg	17,1	9,3	2,9	28,6
	Rhön	35,1	13,0	11,8	33,3

(*-Gruppe über 65 Jahre mit sehr geringer Nennungsquote)

38

3.3. Benotung ausgewählter Indikatoren der Wohn- und Lebensqualität

Aus den Bereichen Umwelt, Infrastruktur und Arbeitsplatzsituation wurden den Probanden ausgewählte Merkmale zur Benotung (Skala von 1 = sehr gut bis 5 = mangelhaft) vorgelegt. Damit sollte nach den ersten Äußerungen zur allgemeinen Wohnzufriedenheit und nach der Aufforderung zur Nennung konkreter positiver und negativer Raummerkmale eine weitere Stufe in der reflektierten Bewertung angestrebt werden. Die Ergebnisse (vgl. Tab. 15) stimmen in Grundzügen mit der Nennungshäufigkeit positiver und negativer Merkmale (s. Kap. 3.2.) überein, zeigen aber auch charakteristische geringfügige Abweichungen bei bestimmten Indikatoren.

Überaus positiv werden die Umweltqualitäten des Wohnens im ländlichen Raum beurteilt: Gesunde Luft, Landschaftsbild und Ruhe erhalten sehr gute bis gute Noten. Mit der Infrastruktur der Region ist man zufrieden mit Noten zwischen 2 und 3,5 , lediglich der öffentliche Personennahverkehr erhält schlechtere Noten (vgl. hier die Diskrepanz zu den Ergebnissen des vorangegangenen Kapitels,in dem die Bevölkerung der Rhön (!) erheblich häufiger den öffentlichen Personennahverkehr als Negativum nannte). Gewisse Unterschiede im Mittelwert sind regional für die Indikatoren Einkauf und Freizeit festzuhalten.

Am ungünstigsten werden schließlich die Arbeitsplatzverhältnisse, insbesondere das Lehrstellenangebot, mit Werten von 4,1 bis 4,4 beurteilt. Vor allem die Probanden der Rhön waren zu diesem Punkt sehr pessimistisch eingestellt: Fast 39 % der Befragten hielten das Arbeitsplatzangebot und 54 % das Lehrstellenangebot für mangelhaft.

Tab. 15: Benotung der Wohn- und Lebensqualität in den Bereichen Umwelt,Infrastruktur und Arbeitsplatzsituation (Mittelwerte, 1 = sehr gut, 5 = mangelhaft)

Merkmal	Vogelsberg	Rhön
Gesunde Luft	1,6	1,8
Landschaft	1,7	1,8
Ruhe	1,9	2,0
Ärztl. Versorgung	2,1	2,6
Ortsbild	2,3	2,3
Baulandangebot	2,4	2,2
Mietpreise	2,4	2,5
Einkauf kurzfr. Bedarf	2,4	2,8
Freizeiteinrichtungen	3,1	3,4
Betriebl. Sozialleistungen	3,2	3,1
Einkauf langfr. Bedarf	3,2	3,4
Zeit für Arbeitsweg	3,5	3,6
Lohnniveau	3,8	3,6
Öffentliche Verkehrsverbindungen	3,8	3,7
Arbeitsplatzangebot	3,9	4,1
Lehrstellenangebot	4,1	4,4

Die Mittelwerte der Benotungen ausgewählter Indikatoren führen uns allerdings bei der Klärung der Grundhypothese unseres Untersuchungsansatzes, der Frage nach unterschiedlichen regionalen Wertemustern und Grundeinstellungen, nicht sehr viel weiter. Es wurde daher versucht, die Benotungen der Raumstrukturmerkmale durch verschiedene Signifikanztests auf regionale und gruppenspezifische Effekte zu analysieren. Verwendet wurden die für Ordinaldaten geeigneten Verfahren T-Test, Median-Test, Kolmogorov-Smirnov-Test und Mann-Whitney-U-Test. Die Signifikanzüberprüfung bezog sich - bei Zugrundelegung des 5 % Niveaus zum Test der Nullhypothese - auf die Gesamtstichprobe aller Beurteilungen der Fragen 8, 16 und 20 (vgl. Fragebogen im Anhang) und testete nach Regionen (Vogelsberg/Rhön), Alter (unter 45/über 45 Jahre), Schulabschluß (Hauptschule/weiterführ. Schulen), Konfession ev./kath.) und Wohnortstyp (Kerngemeinde/Ortsteil). Beziehen wir unsere Auswertung lediglich auf Merkmale, die in mindestens 2 Tests 95 %ige signifikante Ergebnisse erbrachten, so

40

Tab. 16: Signifikante Schichtungsmerkmale. Getestet zwischen Rangbewertungen (Gesamtstichprobe) und ausgewählten Befragtenmerkmalen.

Befragtenmerkmale / Rangbewertung	Region				Alter				Schul-abschluß				Kon-fession				Wohn-ortstyp			
	K	T	M	U	K	T	M	U	K	T	M	U	K	T	M	U	K	T	M	U
801 Arbeitsplatzangebot	X												X	X	X					
802 Lehrstellenangebot		X			X	X	X						X	X	X	X				
803 Lohnniveau							X	X												
804 Betriebl. Sozialleist.																	X	X		
805 Wegzeit zur Arbeit						X	X						X	X	X	X				
161 Baulandangebot		X									X	X								
162 Mietpreise												X								
163 Einkauf kurzfristig	X	X	X	X	X	X	X										X	X	X	X
164 Einkauf langfristig	X	X	X	X	X	X	X										X	X	X	X
165 Ärztliche Versorgung	X	X	X	X			X						X	X	X	X	X	X	X	X
166 Freizeiteinrichtungen	X	X	X		X	X	X						X	X	X					
167 Öffentl. Nahverkehr																	X	X		
201 Landschaft		X				X														
202 Luft	X	X			X	X														
203 Ruhe							X								X		X	X		
204 Ortsbild					X	X	X													

K = Kolmogorov-Smirnov-Test
T = T-Test
M = Median-Test
U = Mann-Whitney-U-Test

X = auf 95 % Niveau signifikant

41

wird folgendes deutlich (vgl. Übersicht Tab. 16): Die untersuchte Bevölkerung, die planungsadministrativ in einer ein-
zigen Planungsregion zusammengeschlossen ist, registriert
und bewertet sehr wohl gebietsweise differenziert ihren Le-
bens- und Erlebnisraum. Diese unterschiedlichen Bewertungen
der gebietlichen Raumausstattung sind deutlich ausgeprägt
bei den Merkmalen Arbeitsplatzangebot,Einkaufsmöglichkeiten,
ärztliche Versorgung, Freizeiteinrichtungen, gesunde Luft.
Es sind Merkmale, die von den Bewohnern der Rhön im Durchschnitt negativer als von jenen des Vogelsberges für ihr Gebiet bewertet werden.

Die Tests zeigen jedoch auch, daß gruppenspezifisch ebenfalls sehr klar differenzierte Bewertungen vorliegen, so etwa altersspezifisch bei den Merkmalen Lehrstellenangebot,
Lohnniveau, Wegzeiten zur Arbeit, Einkaufsmöglichkeiten,
Freizeiteinrichtungen, Ortsbild.

In einem nächsten Schritt wurde nun versucht, mit den gleichen Verfahren der Signifikanzprüfung Bewertungsdifferenzen
z w i s c h e n den Regionen u n d einzelnen Gruppen zu
testen (s. Übersicht Tab. 17). Dazu muß angemerkt werden,daß
diese Verfahren nur statistische Zusammenhänge überprüfen
können und keine kausalen Begründungen für aufgedeckte Differenzen geben. Hierfür müssen weitergehende Verfahren (z.B.
Pfadanalyse, s. FRIEDRICH u. WARTWIG) bzw. zusätzliches Ma-
terial, wie Experteninterviews, herangezogen werden.

Folgende besonderen Auffälligkeiten in den Ergebnissen dieser Signifikanztests sind allerdings festzustellen:

1. Die Altersgruppe 15-21 Jahre ist mit Ausnahme des Merk-
mals Lehrstellenangebot in ihren Bewertungen regional nicht
signifikant unterschiedlich - trotz klarer, objektiv unterschiedlicher Raumausstattung in beiden Gebieten. Dies bedeutet unter Berücksichtigung der bereits früher vorgelegten
Bewertungsergebnisse dieser Probandengruppe, daß die Jugendlichen ihre Ansprüche an Lebensqualität weniger gebietsbezo-
gen als vielmehr altersspezifisch orientieren. So sind sie
einheitlich sehr kritisch in allen Untersuchungsgebieten

Tab. 17: Signifikante regionale Differenzen.
Getestet zwischen Rangbewertungen und ausgewählten Befragtengruppen.

Befragtengruppen Rangbewertung	Alter bis 21				Alter 21 - 45				Alter über 45				Bildung Haupt-schule				Bildung Mittl. R. u. höher				Konfession ev.				Konfession kath.				Ortstyp Kernge-meinde				Ortstyp Orts-teil			
	K	T	M	U	K	T	M	U	K	T	M	U	K	T	M	U	K	T	M	U	K	T	M	U	K	T	M	U	K	T	M	U	K	T	M	U
Arbeitsplatzangebot	X	X																															X	X		
Lehrstellenangebot	X	X							X	X																			X				X	X	X	
Lohnniveau					X	X	X		X	X			X																				X			
Betriebl. Soziall.									X	X			X	X			X	X																		
Wegzeit zur Arbeit																									X								X			
Baulandangebot									X				X	X	X		X	X	X		X	X	X		X				X	X	X	X	X			
Mietpreise																									X				X							
Einkauf kurzfristig	X	X	X		X	X	X		X	X	X	X		X	X	X	X		X	X	X	X	X		X	X	X	X	X	X						
Einkauf langfristig	X	X			X	X			X				X	X			X				X	X			X				X	X						
Ärztliche Versorgung	X	X	X	X	X	X	X	X	X	X	X	X	X	X	X	X	X				X	X	X	X	X		X		X	X	X	X	X	X	X	X
Freizeiteinrichtungen					X	X	X		X	X	X		X	X	X		X	X	X		X	X	X						X	X	X		X	X	X	
Öffentl. Nahverkehr	X				X				X				X	X			X	X											X				X			
Landschaft													X	X			X	X											X	X			X			
Luft	X				X				X				X	X			X	X			X	X	X		X				X	X			X			
Ruhe	X				X								X	X			X	X			X	X	X						X				X			
Ortsbild	X				X								X				X												X							

K = Kolmogorov-Smirnov-Test
T = T-Test
M = Median-Test
U = Mann-Whitney-U-Test

X = auf 95 % Niveau signifikant

eingestellt gegenüber den Freizeitmöglichkeiten (für Jugendliche) im ländlich-peripheren Raum. Da es sich bei dieser
Altersgruppe um eine sehr wichtige Zielgruppe für Förderungsmaßnahmen durch die Raum- und Regionalplanung handelt,
sollte dieses Ergebnis die extremen Regionalisten in der
Raumplanung nachdenklich stimmen.

Hinsichtlich des Bildungsstandes zeigen die Probanden mit
weiterführendem Schulabschluß mit Ausnahme der Merkmale öff.
Nahverkehr und Ruhe regional keine signifikanten Differenzen, während die Hauptschulabsolventen besonders im infra-
strukturellen Bereich sehr deutliche Bewertungsunterschiede
aufweisen.

Eine Erklärung dieser Differenzen ist möglicherweise in der
unterschiedlichen Aufgeschlossenheit (Stadtkontakte, Mobili-
tätsradius u.a.) zu suchen.

Fassen wir die bisherigen Ergebnisse des Kapitels 3 zusammen, so erscheinen zwei Punkte besonders wichtig:

a) Die Bevölkerung der ländlich-peripheren Gebiete ist
durchaus fähig, regional differenziert Raumqualitäten zu beurteilen. Sie ist damit in der Lage, regionale Bedürfnisse
selbst zu formulieren und emotional oder reflektiert erkann-
te Defizite zu bewerten. Ein Eingehen der Raumordnungspolitik auf diese regionalen Bedürfnisstrukturen im Sinne einer
Selbstverwirklichung der Bevölkerung würde daher sicher einen Teil der Ursachen der Unzufriedenheit beseitigen.

b) Neben eindeutig gebietsspezifisch differenzierten Bewertungen durch die Bevölkerung wurde deutlich, daß einzelne
sozialgeographische Gruppen, insbesondere die jüngste Altersgruppe von 15-21 Jahren, in ihren Raumbeurteilungen und
damit auch im potentiellen Verhalten stärker gruppenspezifisch als regional gesteuert werden.

3.4. Leitbilder des Raumimages und Grundeinstellungen

Die beeinflussenden Faktoren der Imagebildung und damit auch

des Selbstimages der eigenen Region sind vielfältig und kom-
plex (vgl. u.a. DOWNS 1970; LEIMGRUBER 1979; SCHRETTENBRUN-
NER 1974; MONHEIM 1972). Neben Komponenten der direkten
Selbsterfahrung sind andere indirekt über verschiedene Wege
der Informationsvermittlung wirksam. Wir können daher auch
im Hinblick auf die vorangehend ausgewertete Selbsteinschät-
zung der Regionen Rhön und Vogelsberg davon ausgehen, daß
verschiedene Komponenten der Imagebildung, und diese wiederum individuell verschieden, in unterschiedlichem Maße in die
Bewertung des eigenen Lebensraumes Eingang gefunden haben.
Neben der Beeinflussung durch traditionelle Grundhaltungen
scheint es auch wahrscheinlich, daß diese Beurteilung an anderen Leitbildern vergleichend orientiert wurden. Als eine
Orientierungsbasis bietet sich sicherlich das Leitbild der
Stadt an; Ergebnisse der Pretests (vgl. ALTKRÜGER und FRIED-
RICH 1982) gaben dafür deutliche Hinweise.

Es sollte daher in einem weiteren Schritt überprüft werden,
ob sich Beziehungen zwischen den Bewertungen des eigenen
Raumes (regional und gruppenspezifisch), den Stadtimages der
Probanden und den direkten Erfahrungen mit der Stadt (Häufigkeit der Stadtkontakte) erkennen lassen.

3.4.1. Das Stadtimage

Die Probanden wurden in der Erhebung aufgefordert, Vor- und
Nachteile des Lebens in der Stadt anzugeben. Die Ergebnisse
sind in den Tab. 18 und 21 aufgeführt. Bei einer Analyse der
Daten zeigt sich, daß die Hierarchie der Nennungen von Nach-
teilen des Stadtlebens regional und gruppenspezifisch weitgehend identisch sind: An erster Stelle werden die schlech-
ten Umweltbedingungen, an zweiter Stelle die Anonymität (angeführt vor allem von Jugendlichen) bzw. Hektik und Streß
(vor allem von älteren Personen) genannt. Geringfügige Abweichungen in der weiteren Merkmalsnennung sind den Tabellen
zu entnehmen.

Bedeutender in regionalpolitischer Sicht sind die Merkmale,
die als besonders positiv gesehen werden, da sie ein Hinweis
auf mögliche pull-Faktoren sein bzw. Defizite der eigenen
Raumausstattung aufzeigen können.

Tab. 18: Stadtimage nach Regionen (Angaben in Prozent, Mehrfachnennungen möglich)

Stadtvorteile	Vogelsberg	Rhön
Bessere Einkaufsmöglichkeiten	59,2	60,6
Arbeitsplatzangebot	42,9	33,5
Abwechslung	53,3	65,8
Bessere Verkehrsverbindungen	20,7	23,9
Weiterbildung	10,3	16,8
Geringere soziale Kontrolle	2,2	1,9

Stadtnachteile		
Umweltbelastungen	74,8	72,9
Hektik, Streß	29,1	17,1
Anonymität	29,6	26,7
Schlechtere Wohnsituation	21,6	17,1
Zu viele Menschen	23,0	14,4
Kriminalität	5,2	16,6
Ausländer	3,3	7,5

N=400

Tab. 19: Stadtimage nach Schulabschluß und Regionen (Angaben
in Prozent, Mehrfachnennungen möglich)

Stadtvorteile	Vogelsberg		Rhön	
	Haupt-schule	Weiterf. Schule	Haupt-schule	Weiterf. Schule
Bessere Einkaufs-möglichkeiten	64,0	50,9	64,9	61,2
Arbeitsplatzangebot	45,9	38,2	32,5	37,5
Abwechslung	44,1	69,1	46,8	83,3
Bessere Verkehrs-verbindungen	18,0	25,5	24,7	22,9
Weiterbildung	8,1	10,9	14,3	18,8
Geringere soziale Kontrolle	1,8	3,6	2,6	-

Stadtnachteile				
Umweltbelastungen	71,3	75,9	71,3	71,7
Hektik, Streß	32,4	21,1	18,8	19,2
Anonymität	25,0	42,1	19,8	32,7
Schlechtere Wohn-situation	19,9	29,8	17,8	23,1
Zu viele Menschen	22,8	21,4	14,9	15,4
Kriminalität	5,1	5,3	10,9	19,2
Ausländer	4,4	1,8	5,0	13,5
	N=135	N=57	N=101	N=52

Tab. 20: Stadtimage nach Altersgruppen und Regionen (Angaben in Prozent, Mehrfachnennungen möglich)

	Vogelsberg				Rhön			
	Alter				Alter			
Stadtvorteile	15-21	21-45	45-65	Üb. 65	15-21	21-45	45-65	Üb. 65
Bessere Einkaufsmöglichkeiten	62,7	52,2	61,8	77,8	60,0	67,7	54,3	-
Arbeitsplatzangebot	47,1	46,4	38,2	22,2	29,5	35,5	37,0	-
Abwechslung	58,8	53,6	47,3	55,6	81,8	58,1	58,7	100
Bessere Verkehrsverbindungen	25,5	26,1	10,9	11,1	22,7	22,6	28,3	-
Weiterbildung	9,8	15,1	5,5	-	18,2	14,5	17,4	33,3
Geringere soziale Kontrolle	2,0	2,3	-	11,1	4,5	1,6	-	-
Stadtnachteile								
Umweltbelastungen	86,5	74,7	65,7	76,9	75,0	74,6	69,5	70,0
Hektik, Streß	15,7	29,1	38,6	30,8	9,8	14,9	25,4	20,0
Anonymität	45,1	32,9	17,1	15,4	39,2	29,2	15,3	10,0
Schlechtere Wohnsituation	9,8	21,5	31,4	15,4	9,8	25,4	16,9	10,0
Zu viele Menschen	18,0	22,8	27,1	23,1	13,7	13,4	16,9	10,0
Kriminalität	5,9	3,8	4,3	15,4	29,4	7,5	13,6	30,0
Ausländer	-	2,5	7,1	-	7,8	4,5	10,2	10,0
Zahl der Interviews	51	79	70	12	52	67	59	10

Tab. 21: Stadtimage nach Berufsgruppen und Regionen.
Angaben in Prozent, Mehrfachnennungen möglich.

V o g e l s b e r g

Stadtvorteile	Hausfr. Rentner	Arbeiter Facharb.	Einf. Angest., Beamte	Höhere Angest., Beamte	Land- wirte	Selb- stän- dige
Bessere Einkaufsmöglichkeiten	81,6	70,6	50,0	47,8	42,9	47,1
Arbeitsplatzangebot	26,3	55,9	30,0	52,2	42,9	52,9
Abwechslung	47,4	47,1	65,0	60,9	28,6	35,3
Bessere Verkehrsverbindungen	13,2	14,7	30,0	21,7	14,3	23,5
Weiterbildung	10,5	11,8	10,0	-	-	5,9
Geringere soziale Kontrolle	2,6	-	5,0	-	-	5,9
Stadtnachteile						
Umweltbelastungen	72,9	69,4	78,6	73,9	75,0	60,0
Hektik, Streß	31,3	36,1	39,3	31,8	25,0	20,0
Anonymität	20,8	25,0	39,3	36,4	16,7	35,0
Schlechtere Wohnsituation	20,8	22,2	21,4	31,8	41,7	20,0
Zu viele Menschen	33,3	16,7	22,2	13,6	25,0	25,0
Kriminalität	2,1	11,1	-	-	-	10,0
Ausländer	4,2	8,6	7,1	-	-	-
Zahl der Interviews	45	35	28	23	12	20

R h ö n

Stadtvorteile						
Bessere Einkaufsmöglichkeiten	63,6	78,9	61,5	42,1	42,9	62,5
Arbeitsplatzangebot	36,4	15,8	46,2	57,9	42,9	12,5
Abwechslung	54,5	36,8	76,9	57,9	57,1	100,0
Bessere Verkehrsverbindungen	22,7	36,8	23,1	31,6	14,3	12,5
Weiterbildung	22,7	5,3	7,7	10,5	28,6	12,5
Geringere soziale Kontrolle	2,3	-	-	-	-	-
Stadtnachteile						
Umweltbelastungen	66,7	90,5	64,7	77,8	77,8	60,0
Hektik, Streß	26,7	19,0	11,8	11,1	11,1	10,0
Anonymität	10,0	23,8	41,2	22,2	22,2	40,0
Schlechtere Wohnsituation	23,3	19,0	23,5	11,1	11,1	20,0
Zu viele Menschen	16,7	19,0	5,9	22,2	11,1	-
Kriminalität	13,3	9,5	-	-	33,3	10,0
Ausländer	6,7	14,3	-	5,6	11,1	-
Zahl der Interviews	60	21	17	19	9	10

Dazu einige ausgewählte Aspekte (vgl. Tab. 18-21):

Als Vorteile des Lebens in der Stadt wurden mit Priorität die besseren Einkaufsmöglichkeiten und das umfangreichere Freizeitangebot genannt. Allerdings weist die Hierarchie der positiven Merkmale regional und gruppenspezifisch z.T. stärkere Unterschiede auf. Besonders hervorzuheben sind:

a) Die Jugendlichen sehen den Hauptvorzug des Stadtlebens in den Möglichkeiten der Abwechslung und Freizeitgestaltung (Rhön: 81,8 % der Gruppe). In gleicher Weise äußern sich die höheren Angestellten und Beamten in beiden Untersuchungsgebieten. Hausfrauen und Rentner sowie Arbeiter weisen dagegen den besseren Einkaufsmöglichkeiten in der Stadt die höchste Priorität zu. Auch dies ist ein Ergebnis, das für beide Untersuchungsgebiete Gültigkeit besitzt.

b) Probanden mit Hauptschulabschluß setzen die Einkaufsmöglichkeiten an die erste Stelle der Stadtvorzüge, Probanden mit weiterführendem Schulabschluß dagegen das Freizeitangebot (Rhön: 83,3 %).

Vergleicht man diese Ergebnisse mit den Raumbewertungen der gleichen Personengruppe, so lassen sich durchaus Beziehungen im Sinne komplementärer Raumbilder erkennen:

a) Hausfrauen und Rentner beurteilen die Einkaufsmöglichkeiten ihrer Region ungünstiger als die Gruppe der Jugendlichen (Durchschnittsnoten Rhön: 2,85 zu 2,58; Durchschnittsnoten Vogelsberg: 2,75 zu 2,34). Jugendliche dagegen benoten wiederum die Freizeitmöglichkeiten ihres Gebietes negativer als die Gruppe der Hausfrauen und Rentner (Durchschnittsnoten Vogelsberg: 3,53 gegenüber 2,84).

b) Personen mit Hauptschulabschluß beurteilen die Einkaufsmöglichkeiten ihrer Region ungünstiger als Personen mit weiterführendem Schulabschluß (z.B. Rhön 2,9 zu 2,6), die Freizeiteinrichtungen hingegen günstiger (Rhön 3,3 zu 3,4; Vogelsberg 3,0 zu 3,2).

Der Vergleich der Nennung von Stadtvorzügen mit den Benotungen der eigenen Region zeigt damit deutlich komplementäre Ergebnisse. Raummerkmale, die für die eigene Region als unbefriedigend empfunden werden, werden für die Stadt positiver beurteilt bzw. erwartet. Inwieweit eigene Erfahrungen oder eventuell Klischeevorstellungen diese Beurteilungen beeinflußt haben, kann damit allerdings nicht beantwortet werden. Einen gewissen Anhalt dafür sollte unsere Frage nach der Häufigkeit der Stadtbesuche bringen.

3.4.2. Stadtkontakte

Die Mittelzentren Lauterbach und Hünfeld werden von den Bewohnern des Untersuchungsgebietes häufig aufgesucht: Im Durchschnitt waren über 80 % der Probanden im Jahre 1981 mehr als 3 mal in der zugehörigen Kreisstadt, rund zwei Drittel sogar mehr als 8 mal (vgl. Abb. 6). Auch die Häufigkeit der Besuche im Oberzentrum Fulda ist relativ hoch, während man in erheblich geringerem Ausmaß in die weiter entfernten großen Zentren Kassel und Frankfurt fährt. Betrachtet man die Ergebnisse der Befragung zu diesem Punkt unter dem Aspekt regionaler und gruppenspezifischer Unterschiedlichkeit, so sind insbesondere folgende Punkte auffällig:

1. Die Bevölkerung der Untersuchungsgemeinden der Rhön hat im Durchschnitt erheblich häufigere Kontakte zu den nahegelegenen Zentren als jene der Untersuchungsgemeinden des Vogelsberges. Dagegen ist die Häufigkeit der Besuche in den großen Zentren (Kassel, Frankfurt) bei den Rhönbewohnern geringer als bei den Vogelsbergbewohnern.

Als Begründung dieser Verhaltensunterschiede können die Distanzen zu den Zentren wegen der geringfügigen Abweichungen nur als zweitrangig angesehen werden. Vielmehr scheinen zum einen unterschiedliche infrastrukturelle Ausstattungen des Wohnortes und der Umgebung zu den abweichenden Häufigkeiten in den Stadtkontakten zu führen. Zum anderen könnte auch ein verstärktes Stadtkontaktbedürfnis aus der Randlage nahe der Grenze zur DDR bzw. aus einem allgemeinen Abgelegenheitsgefühl resultieren - ein Abgelegenheitsgefühl, das auch eine

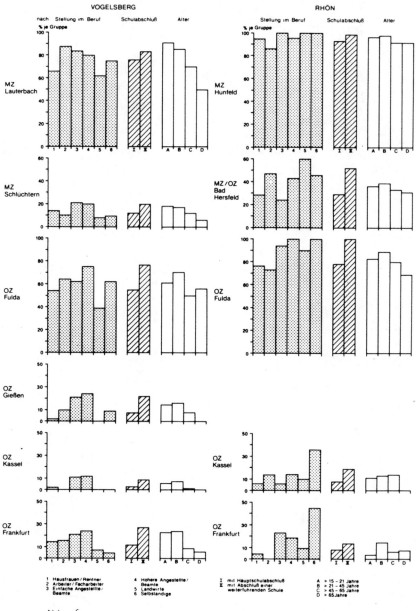

VOGELSBERG

RHÖN

nach   Stellung im Beruf   Schulabschluß   Alter

Stellung im Beruf   Schulabschluß   Alter

% je Gruppe

% je Gruppe

MZ
Lauterbach

MZ
Hunfeld

MZ
Schluchtern

MZ/OZ
Bad
Hersfeld

OZ
Fulda

OZ
Fulda

OZ
Gießen

OZ
Kassel

OZ
Kassel

OZ
Frankfurt

OZ
Frankfurt

1 Hausfrauen / Rentner   4 Höhere Angestellte /
2 Arbeiter / Facharbeiter   Beamte
3 Einfache Angestellte /   5 Landwirte
   Beamte   6 Selbständige

I   mit Hauptschulabschluß   A > 15 – 21 Jahre
II mit Abschluß einer   B > 21 – 45 Jahre
    weiterführenden Schule   C > 45 – 65 Jahre
                                   D > 65 Jahre

Abb. 6

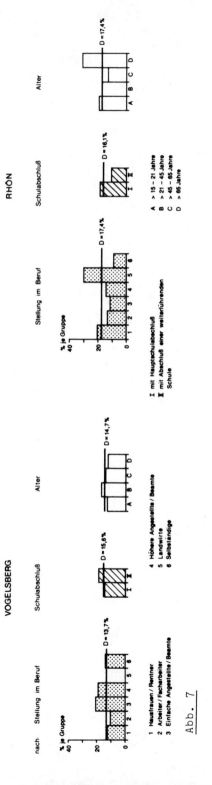

Gefühl der ABGELEGENHEIT

Abb. 7

psychologische Distanz zu den großen Zentren beinhaltet.
Denn während die Vogelsbergbewohner traditionell eine enge
Verbindung mit dem Kernraum des Rhein-Main-Gebietes besit-
zen, sind für die Untersuchungsgemeinden der Rhön durch die
Grenzziehung wichtige, gewachsene Verbindungen nach Thürin-
gen zerschnitten.

Wir haben in unserer Erhebung die Probanden gefragt, ob sie
sich abgelegen fühlen. Das Ergebnis (vgl. Abb. 7) läßt in
gruppenspezifischer Sicht keine Aussagen über typische Reak-
tionen zu. Der Vergleich der Untersuchungsgebiete zeigt aber
in den Durchschnittswerten, daß sich die Bevölkerung der
Rhön abgelegener fühlt als jene des Vogelsberges. Dies könnte also durchaus mit zur Begründung der dargelegten unterschiedlichen Häufigkeit der Stadtkontakte der Bewohner beider Untersuchungsgebiete dienen.

2. Die Probanden mit weiterführendem Schulabschluß fahren
ohne regionalen Unterschied häufiger in die städtischen Zentren als jene mit Hauptschulabschluß. Das gleiche gilt auch
für die jüngeren Altersgruppen, die insbesondere in den
Rhöngemeinden sehr oft in die nahen Zentren (hier nach Hünfeld und Fulda) fahren (vgl. Tab. 22). Zu gleichen Ergebnissen kommt die Auswertung der Befragung in Rosenberg.

Tab.22: Stadtkontakte nach Altersgruppen 1981 (Angaben in %)

| Alter | 15 - 21 | | 21 - 45 | | 45 - 65 | | über 65 | |
Häufigkeit	>3x	>8x	>3x	>8x	>3x	>8x	>3x	>8x
Zielorte:								
nahe Mittelzentren								
Vogelsberg	90,8	85,2	85,2	77,8	70,5	61,5	50,1	43,8
Rhön	96,2	90,4	97,3	94,6	92,8	89,9	92,3	84,6
Zielort:								
OZ Fulda								
Vogelsberg	61,1	37,0	70,4	51,9	50,0	25,6	56,3	31,3
Rhön	82,7	69,2	89,2	86,5	79,7	56,5	69,2	53,8

Vogelsberg: N = 231; Rhön: N = 208

3. Diese Ergebnisse zur Häufigkeit der Stadtbesuche lassen
mit aller Vorsicht u.E. den Schluß zu, daß die Bevölkerung
des Untersuchungsraumes - und damit übertragen auch anderer
vergleichbarer ländlich-peripherer Räume - durch den relativ
häufigen Stadtkontakt eine wesentliche Grundlage zur Bildung
eines auf direkten Erfahrungen beruhenden Stadtvorstellungs-
bildes besitzt. Es findet als Gegenraumbild Eingang in die
individuellen Regionsbewertungen und beeinflußt raumwirksame
Verhaltensweisen. Dies schließt damit selbstverständlich
nicht aus, daß auch andere - indirekte - Informationsquellen, insbesondere Massenmedien, ebenfalls von Einfluß sind.
Allerdings wurden bei der Formulierung von Stadtimagemerkma-
len durch die Probanden nur selten Aspekte genannt, die in
Massenmedien oft in den Vordergrund gestellt werden, wie
Kriminalität oder Ausländerprobleme.

3.4.3. Grundeinstellungen

Die Beurteilung der Lebensqualität am Wohnort und im Erlebnisraum wird in erster Linie durch direkte Informationen und
Erfahrungen, aber auch von Grundeinstellungen beeinflußt.
Wir gehen in unserer Hypothese davon aus, daß solche Grundeinstellungen, die durch bestimmte Wertemuster geprägt werden, ebenfalls gebietsgebunden wirksam sind.

Es handelt sich dabei um Wertemuster und Grundeinstellungen,
die sich u.a. auf naturräumliche und lagemäßige Besonderhei-
ten (z.B. Abhängigkeit und Auseinandersetzung mit Naturfak-
toren im Gebirge oder an der Küste, Abgelegenheit von Inno-
vationszentren),auf konfessionelle oder historische Gegebenheiten zurückführen lassen. Diese z.T. tradierten Einstellungen, die man mit Begriffen wie konservativ, aufgeschlossen,aktiv u.ä. umschreiben kann, können nach unserer Ansicht
bei der Frage der Abwanderungsbereitschaft bzw. nach Bindungen an den Wohnort zum Tragen kommen und wären damit
regional- und raumplanerisch nicht zu unterschätzen. Diese
als Hypothese zu verstehende Auffassung sollte in unserer
Erhebung ebenfalls angesprochen werden.

Die Fragen 43 und 44 (s. Fragebogen im Anhang) zielten

56

darauf ab, das Interesse der Probanden am Geschehen in ihrer
Gemeinde und ihre Aktivitäten im politischen, kirchlichen
und vereinsorganisatorischen Bereich zu analysieren. Dazu
die wichtigsten Ergebnisse:

Über 31 % der Befragten äußerten ein starkes Interesse am
Geschehen in ihrem Wohnort; in der Rhön lag das Interesse um
3,5 % höher als im Vogelsberg. Der Anteil derer, die überhaupt kein Interesse am Gemeindegeschehen formulierten, lag
bei den Probanden der Rhön mit 7,7 % um 4 % niedriger als im
Vogelsberg. Diese Differenzen sind zwar gering, könnten aber
durchaus gewisse unterschiedliche Grundeinstellungen andeu-
ten.

Unter den vorgegebenen Aktivitäten in der Gemeinde bildete
die Vereinstätigkeit und die Teilnahme an Festen die eindeutigen Schwerpunkte: Jeder zweite Proband ist mit Priorität
in einem Verein tätig; nur etwa 20 % üben keine der angege-
benen Tätigkeiten aus (vgl. Tab. 23).

Tab. 23: Aktivitäten in der Gemeinde (Mehrfachnennungen,
Angaben in Prozent)

	Vogelsberg	Rhön
Keine Aktivitäten	20,7	18,8
Bürgerinitiativen	4,3	6,3
Vereine	58,2	52,7
Gemeinderat	6,5	2,9
Parteien	8,2	4,8
Kirche	9,1	12,1
Feste	53,4	67,1
	N = 232	N = 207

Altersspezifisch ist auffallend, daß das Interesse der jüngeren Altersgruppen am Geschehen in der Gemeinde in beiden
Untersuchungsgebieten geringer als in den höheren Alters-
stufen ist. Dafür zeigen die Jüngeren eine beträchtlich höhere Aktivität in Vereinen und in der Teilnahme an Festen.

In einer weiteren Frage sollte die Rolle ausgewählter "immaterieller" Werte für die Probanden (Dorfgemeinschaft, Heimatverbundenheit, Brauchtum, Vereinsleben, Religiosität) eventuelle Hinweise auf gebietsverschiedene Grundeinstellungen liefern.

Tab. 24: Einstellung zu ausgewählten immateriellen Werten
(Angaben in Prozent - 440 Antworten)

Beurteilung	sehr wichtig		unwichtig	
	Vogelsberg	Rhön	Vogelsberg	Rhön
Dorfgemeinschaft	66,8	75,5	8,2	3,4
Heimatverbundenheit	68,7	70,9	8,3	3,4
Brauchtum	62,1	55,1	13,4	9,7
Vereinsleben	63,4	60,6	15,5	10,6
Religiosität	48,3	56,8	16,5	9,7

Die Tab. 24 zeigt vor allem zu den Punkten Dorfgemeinschaft und Religiosität starke Abweichungen zwischen den beiden Untersuchungsgebieten. Mit aller Vorsicht läßt sich damit aus den Daten ableiten, daß die Bevölkerung der Rhön im Durchschnitt traditioneller eingestellt ist und eine konservativere Grundhaltung als jene des Vogelsberges besitzt.

Die gruppenspezifische Auswertung der Stichprobe zu dieser Frage ergab weitere Differenzierungen:

1. Die junge Bevölkerung beider Untersuchungsgebiete sieht in besonderem Maße im Vereinsleben eine persönliche Bedeutung (69,4 % beurteilten es als sehr wichtig), die ältere dagegen mehr in traditionellen Werten wie Brauchtum (77 %) und Religiosität (75 %).

2. Eine altersspezifische und regionale Aufschlüsselung der Daten zeigte für die jüngere Altersgruppe der Rhönbewohner insgesamt eine deutlich stärkere innere Verbundenheit mit der Gemeinde und stärkere Orientiertheit auf ihren Lebensraum als für jene des Vogelsberges (vgl. Tab. 25). Dies betrifft vor allem den Punkt Dorfgemeinschaft.

Tab. 25: Bedeutung immaterieller Werte für bestimmte Altersgruppen (Beurteilung "sehr wichtig", Angaben in %)

| Altersgruppe | 15 - 21 J. | | 45 - 65 J. | |
Gebiet	Vogelsb.	Rhön	Vogelsb.	Rhön
Dorfgemeinschaft	57,1	80,8	78,5	73,9
Heimatverbundenheit	60,0	62,0	74,4	79,7
Brauchtum	41,1	26,9	75,9	73,9
Vereinsleben	73,2	65,4	60,3	56,5
Religiosität	26,8	35,3	70,9	76,5
	N = 56	N = 52	N = 79	N = 69

3. Die Angehörigen der konfessionellen Minderheit messen in
der Regel den vorgegebenen Werten eine geringere Bedeutung
zu als jene der konfessionellen Mehrheit: Im Vogelsberg werden Dorfgemeinschaft, Heimatverbundenheit und Brauchtum von
den Katholiken, in der Rhön dagegen von den Protestanten geringer eingestuft. Die Abweichungen sind z.T. erheblich: Er-
achten im Vogelsberg 74,9 % der Protestanten den Wert "Dorfgemeinschaft" als sehr wichtig, sind es im gleichen Gebiet
bei den Katholiken nur 40 %. In der Rhön dagegen lauten die
entsprechenden Anteile für die Katholiken 80,3 % und für die
Protestanten 61,1 %.

Unseres Erachtens ist dies ein weiterer deutlicher Hinweis
darauf, daß neben den gruppenspezifischen Differenzen gebietsverschiedene Wertmuster existent sind.

4. In beiden Untersuchungsgebieten sind die ausgewählten
immateriellen Werte für Absolventen weiterführender Schulen
durchgehend von geringerer Bedeutung als für Probanden mit
Hauptschulabschluß (z.B. Dorfgemeinschaft: Vogelsberg 58,7 %
zu 70,9 %, Rhön 66,1 % zu 78,0 % - Vereinsleben: Vogelsberg
55,6 % zu 65,5 %, Rhön 48,2 % zu 61,9 %).

Das wichtigste Ergebnis unserer Analysen in Kapitel 3.4. ist
u.E. die Erkenntnis, daß wir bei der regionalen Imagebildung
mit einem vielschichtigen Bündel von Einflußgrößen zu rech-
nen haben. Denn neben eindeutigen gruppenspezifisch faßbaren

Wertemustern traten auch nachweislich gebietsgebundene Effekte auf. Eine quantitative Abwägung dieser Komponenten gegeneinander läßt sich mit den verwendeten Verfahren allerdings nicht erreichen. Immerhin erscheint uns aber der Nachweis existenter gebietsspezifischer Wertemuster mit der Konsequenz unterschiedlicher Einstellungen und Verhaltensweisen eine wesentliche Bestätigung regionalisierter raumordnerischer Anliegen zu sein.

Im folgenden Kapitel soll dieser themenleitende Gedanke auch an dem Fragenkomplex "Abwanderung und Abwanderungsbereitschaft" der Bevölkerung in den beiden Untersuchungsgebieten überprüft werden.

4. Abwanderungsbereitschaft der Bewohner des Untersuchungsraumes

Die Abwanderung junger, in das Berufsleben eintretender Bevölkerungsgruppen aus dem ländlichen Raum in die Verdichtungsräume ist das augenfälligste Merkmal und das Ergebnis sozioökonomischer Raumdisparitäten. Dieser selektive Wanderungsprozeß wurde in zahlreichen Veröffentlichungen beschrieben, in seinen Konsequenzen für die weitere Entwicklung des ländlichen Raumes dargestellt (vgl. u.a. STÖCKMANN 1972; ANDERSECK 1974; DOBBERKAU 1980; KOCH 1977) und modellhaft für prognostische Zwecke diskutiert. So hat insbesondere die Voraussage eines "Kumulativen Schrumpfungsprozesses" (vgl. JOST 1975) aufgeschreckt und zu intensiveren Bemühungen um die Probleme des ländlichen Raumes geführt. Auch wenn STIENS bereits 1978 auf die Unsicherheiten solcher Prognosen hinwies, ist diese Gefahr als Resultat selektiver Wanderung für die wirtschaftlich benachteiligten Gebiete im Augenblick noch nicht gebannt (vgl. Kap. 1.1.1.). Die Vorhersage einer fortschreitenden Überalterung der Bevölkerung des ländlichen Raumes hat ihre Gültigkeit nicht verloren. Für den Untersuchungsraum soll dazu exemplarisch eine Prognose von BIRG (1975) stehen, nach der der Anteil der jungen Bevölkerung weiter erheblich zurückgehen soll.

Tab. 26: Prognose der altersstrukturellen Entwicklung in
der Raumeinheit Fulda (Fulda Stadt; Landkreise
Alsfeld, Büdingen, Fulda, Gelnhausen, Lauterbach,
Schlüchtern, Hünfeld, Ziegenhain) 1970 - 1990

| Alter | Anteil in Prozent | |
	1970	1990
0 - 6	8,8	8,6
6 - 16	16,9	12,9
16 - 25	12,2	11,8
26 - 65	59,7	65,7
üb. 65	14,6	12,8

(BIRG 1975, S. 235)

Über Ausmaß und Motivation der Wanderungen im ländlichen
Raum sind wir hinreichend informiert (vgl. u.a. ZIMMERMANN
1979; ANDERSECK 1974; JOST 1975; BIRG 1975; PROGNOS 1968;
KOCH 1977; GATZWEILER 1979; BOUSTEDT 1975).

Relativ eindeutig läßt sich daraus entnehmen:

1. Die Abwanderung der Bevölkerung ist selektiv betr. Alter,
Bildungsstand und sozialer Stellung, d.h. es sind in erster
Linie junge Personen zwischen 18 und 30 Jahren, Personen mit
höherer Bildung und Ausbildung sowie Angestellte und Beamte,
die sich als besonders mobil erweisen und aus den ländlichen
Räumen abwandern.

2. Als Motive der Abwanderung spielen berufliche Gründe,
Wohnumfeldbedingungen und familiäre Gründe eine besondere
Rolle.
Bei den beruflich orientierten Motiven stehen Ausbildung,
Berufswechsel, die schlechte regionale Wirtschaftslage be-
stimmter Branchen, die Chancen für beruflichen Aufstieg und
höheres Einkommen,
bei den Wohnumfeldgründen vor allem ärztliche Versorgung und
Einkaufsmöglichkeiten,
bei den familiären Gründen Heirat und Wohnungseigentum im
Vordergrund. Allerdings herrscht relative Unsicherheit bei

der Gewichtung dieser Abwanderungsgründe. DOBBERKAU (1980)
hat sich sehr ausführlich mit diesem Problem auseinanderge-
setzt und aufgrund seiner empirischen Ergebnisse darauf hingewiesen, daß die familiär bedingten Abwanderungsgründe in
der bisherigen Diskussion erheblich unterbewertet wurden.

Nach seinen Ergebnissen lassen sich die Wanderungsmotive im
ländlichen Raum zu 42,8 % auf familiäre, zu 27,1 % auf berufliche, zu 15,0 % auf Wohnungs- und zu 9,7 % auf Ausbil-
dungsgründe (bei 3,5 % Sonstige) zurückführen (l.c. S. 170).

Bei einer altersspezifischen Schichtung bestätigt sich aber
auch bei DOBBERKAU die bereits bekannte Aussage,daß die Wanderungen der 18-25 jährigen in erster Linie als Indikator für
Disparitäten in den Bereichen Ausbildung und Erwerbsmöglich-
keiten stehen, jene der über 49 jährigen dagegen vor allem
als Indikator für Disparitäten in den Wohnumfeld- und natürlichen Umweltbedingungen (vgl. u.a. GATZWEILER 1982, S. 10).

Wir haben, wie bereits erwähnt, in unserer Erhebung den Aspekt der Abwanderung vor allem unter der themenleitenden
Fragestellung behandelt, inwieweit in der Selektivität der
Wanderungen, in der Abwanderungsbereitschaft, in der Motivation zur Abwanderung und in den Bindungen an Wohnort und
Region neben den erwiesenermaßen schichtenspezifischen Bedingungen auch gebietlich erkennbare unterschiedliche Einstellungen und Bewertungsmuster greifbar vorliegen.

Unsere Befragung ergab, daß unter den Probanden rund 28 %
abwanderungsbereit sind. Dieser Anteil ist erheblich höher
als der von KLUCZKA (1983, S. 379) für 3 Nahbereiche im
ländlich-peripheren Raum Niedersachsens ermittelte Wert von
rund 12 %.

Von den Abwanderungswilligen unseres Untersuchungsraumes
wurden als Motive in erster Linie berufliche Gründe (65 %)
genannt. Nur 30 % gaben für ihre Abwanderungsbereitschaft
persönliche Gründe an, am wenigsten spielten sie bei der
jüngsten Altersgruppe eine Rolle (vgl. Tab. 28).

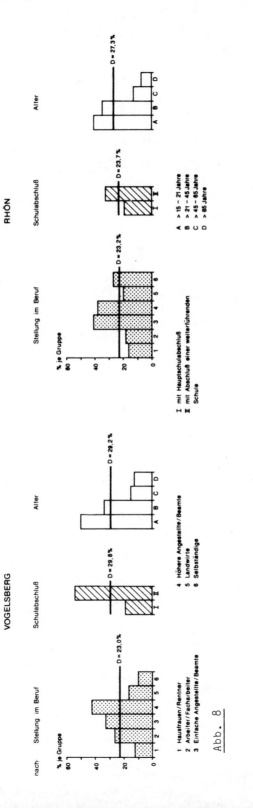

Persönliche ABWANDERUNGSBEREITSCHAFT

VOGELSBERG

RHÖN

nach: Stellung im Beruf   Schulabschluß   Alter   Stellung im Beruf   Schulabschluß   Alter

D = 23,0 %   D = 29,8 %   D = 29,2 %   D = 23,2 %   D = 23,7 %   D = 27,3 %

% je Gruppe

1 Hausfrauen/Rentner
2 Arbeiter/Facharbeiter
3 Einfache Angestellte/Beamte

4 Höhere Angestellte/Beamte
5 Landwirte
6 Selbständige

I mit Hauptschulabschluß
II mit Abschluß einer weiterführenden
   Schule

A > 15 – 21 Jahre
B > 21 – 45 Jahre
C > 45 – 65 Jahre
D > 65 Jahre

Abb. 8

Tab. 28: Gründe für persönliche Abwanderungsbereitschaft
nach Altersgruppen
(Rhön und Vogelsberg insgesamt, Angaben in %)

Alter	15 - 21	21 - 45	45 - 65	über 65
Persönl. Gründe	22,5	30,6	42,9	66,7
Ausbildung	6,8	4,1	-	-
Berufl. Gründe	70,7	65,3	57,1	33,3
N =	44	49	14	3

Ansonsten bestätigen unsere Ergebnisse die bereits bekannte
gruppenspezifisch unterschiedliche Abwanderungsbereitschaft:
Auch in unserem Untersuchungsraum sind es in erster Linie
junge Personen, Personen mit weiterführendem Schulabschluß
sowie Angestellte und Beamte, die in ihrer Grundeinstellung
zur Abwanderung die potentiell mobileren Bevölkerungsgruppen bilden (vgl. Tab. 29, 30, 31 und Abb. 8).

Tab. 29: Persönliche Abwanderungsbereitschaft nach Altersgruppen und Regionen (Angaben in %)

	V o g e l s b e r g				R h ö n			
Alter	15-21	21-45	45-65	üb.65	15-21	21-45	45-65	üb.65
ja	50,0	33,8	13,2	12,5	40,8	35,1	13,0	7,7
nein	50,0	63,7	86,8	87,5	59,2	64,9	87,0	92,3
weiß nicht	0	2,5	0	0	0	0	0	0
	N = 226				N = 205			

Tab. 30: Abwanderungsbereitschaft nach Schulabschluß
(Vogelsberg und Rhön insgesamt, Angaben in %)

	Hauptschule	Weiterf. Schule
ja	19,2	44,1
nein	80,0	55,9
weiß nicht	0,8	0

N = 378

Tab. 31: Abwanderungsbereitschaft nach der Stellung im Beruf
(Vogelsberg und Rhön insgesamt, Angaben in %)

	Hausfr. Rentner	Arbeiter Facharb.	Einf.Ang. Beamte	Höh.Ang. Beamte	Land- wirt	Selbst.
ja	14,8	23,3	36,4	40,4	18,2	16,1
nein	84,4	76,7	63,6	59,6	81,8	80,7
weiß nicht	0,8	0	0	0	0	3,2
N =	128	60	44	47	22	31

Die Abwanderungsbereitschaft der Bevölkerung in unseren Untersuchungsgebieten ist nach diesen Ergebnissen vor allem
durch alters- und ausbildungsspezifische Charakteristika geprägt. Allerdings können wir unter unserer themenleitenden
Fragestellung durchaus auch gewisse gebietsspezifische Differenzen erkennen: So liegt der Anteil der abwanderungsbe-
reiten Probanden mit 29,2 % im Vogelsberg um 1,9 % höher als
in der Rhön; ebenfalls höher ist im Vogelsberg der Wert für
die jüngste Altersgruppe mit 50 % gegenüber 40,8 % in der
Rhön. Die Ergebnisse nach Stellung im Beruf und Regionen
sind wegen der teilweise geringen Klassenbesetzung nur be-
dingt aussagefähig.

Damit würde sich die im vorangegangenen Kapitel konstatier-
te konservativere Einstellung der Rhönbevölkerung mit stärkerer Bindung an den Wohnort auch in dieser Analyse bestätigen.

5. Die Einstellung zur Regionalpolitik

Der Wunsch nach stärkerer politischer Vertretung regionaler
Interessen ist in der Bevölkerung des Untersuchungsraumes
groß: 37 % aller Befragten sind unzufrieden damit, wie ihre
Wünsche und Bedürfnisse bisher in der Raumordnungs- und Re-
gionalpolitik Eingang gefunden haben (Vogelsberg 37,9 %,
Rhön 36,4 %).

Besonders in den jüngeren Altersgruppen bis 45 Jahre ist die allgemein kritische Einstellung stark verbreitet: Hier ist fast jeder zweite Proband mit der regionalpolitischen Interessenvertretung unzufrieden. Das gleiche gilt für die befragten Personen mit weiterführendem Schulabschluß mit über 40 % Unzufriedenen gegenüber etwa 30 % in der Gruppe der Hauptschulabsolventen. Diese relativ hohen Werte können neben der Unzufriedenheit mit der bisher praktizierten Regionalpolitik allerdings auch Ausdruck dafür sein, daß bisherige regionalpolitische Leistungen nicht entsprechend registriert und anerkannt wurden und damit ein Defizit in der Informationspolitik vorliegt. Denn gerade im Bereich Fulda wurden in den letzten Jahren erhebliche Förderungsmaßnahmen wirksam (z.B. Industriepark Rhön, neue Behördenstandorte), die anscheinend in die Meinungsbildung nicht hinreichend eingingen.

In unserer Befragung wurde den Probanden ein Maßnahmenkatalog mit Wünschen zur Verbesserung der regionalen Lebensqualität vorgelegt. Dieser Katalog mußte aus Gründen der überlokalen Vergleichbarkeit relativ allgemein formuliert werden, so daß spezifische Anliegen der Befragten leider verloren gehen mußten. Das Ergebnis der Erhebung brachte daher auch weitgehend erwartete Aussagen: Eindeutig als erste Priorität unter den gewünschten Fördermaßnahmen wurde die Verbesserung der Arbeitsplatzsituation genannt: 54,5 % der Probanden im Vogelsberg und 61,9 % derer in der Rhön sahen hierin das wichtigste Ziel regionaler Förderungspolitik. An zweiter Stelle rangierte die Erhaltung einer gesunden Umwelt, allerdings mit 15,6 % bzw. 10,4 % deutlich zurücktretend (vgl.Tab. 32).

Bei der Betrachtung der Antworten in altersspezifischer Aufschlüsselung fällt wiederum auf, daß bei den Jugendlichen die Ansprüche nach verbesserten Freizeitmöglichkeiten einen sehr hohen Stellenwert besitzen: rund 40 % der Gruppe bis 21 Jahre nannten diesen Wunsch als 1. oder 2. Priorität. In der Gruppe im Alter von 21-45 Jahren waren es dagegen nur 9,0 %.

Unsere Fragestellung ließ in dieser allgemeinen Form sicher-

lich keine konkreten Aussagen zu einer Regionalpolitik erwarten, die gezielt den Ansprüchen der Bevölkerung im Untersuchungsgebiet entgegenkommen und damit den höheren Zufriedenheitsgrad bewirken könnte. Sie sollte auch mehr dem Gedanken nachgehen, ob den objektiv unterschiedlichen Raum-
ausstattungen auch regional differenzierte Wünsche der Probanden an die Regionalpolitik entsprechen, die sich in einer
unterschiedlichen Prioritätenhierarchie ausdrücken. Ein sol-
ches Ergebnis konnte nicht festgestellt werden. Die Sicherung und die Bereitstellung von Arbeitsplätzen werden ohne
regionalen oder gruppenspezifischen Unterschied als die eindeutig wichtigste Forderung an Raumplanung und Regionalpolitik gesehen - ein Ergebnis, das bei den wirtschaftlichen und
sozialen Rahmenbedingungen des Befragungsjahres 1982 zu erwarten war.

Tab. 32: Gewünschte regionalpolitische Fördermaßnahmen
         (1. Priorität, Angaben in %)

	Vogelsberg	Rhön	insges.
Bessere Arbeitsplatzsituation	54,5	61,9	58,0
Erhaltung einer gesunden Umwelt	15,6	10,3	13,1
Ausbau des Verkehrsnetzes	7,8	8,4	8,1
Bessere Freizeitmöglichkeiten	6,5	3,5	5,1
Landschaftsschutz	6,1	3,0	4,6
Verbesserung d. Einkaufsmöglichkeiten	4,3	4,0	4,2
Verbesserung d. Bildungseinrichtungen	3,9	2,5	3,2
Nichts notwendig	1,3	6,4	3,7
N =	231	202	433

Möglicherweise deuten aber auch hier die Anteilsdifferenzen
bei den drei vordringlich geforderten Maßnahmen in Tab. 32
auf gebietsspezifische Unterschiede in den Ansprüchen und
Bedürfnissen der Bevölkerung der beiden Untersuchungsgebiete hin.

Abb. 9: Luftbild Schlotzau, Ortsteil von Burghaun
(Bild-Nr. 347, Flugjahr 1982)

6. Zusammenfassung

Unsere Untersuchungen im Raum Osthessen und im Bauland bestätigen in verschiedenen Punkten unsere Leithypothese von
der Existenz planungsrelevanter gebietsspezifischer Wertemuster und Einstellungen im ländlich-peripheren Raum.

Eine Beeinflussung bei der Imagebildung, der Raumbewertung
und bei raumrelevantem Verhalten durch regionsgebundene Komponenten, wie "objektive" Raumausstattung, aber auch tradierte Einstellungs- und Verhaltensmuster, konnte selbst in
direkt benachbarten Untersuchungsgebieten in ihrer raumdif-
ferenzierenden Konsequenz aufgezeigt werden. Die Forderung
nach stärker regionalisierter Regionalpolitik im Sinne einer
verstärkten Selbstbestimmung der Bewohner fand damit eine
Unterstützung.

Die Bevölkerung der ländlich-peripheren Gebiete ist durchaus
in der Lage, durch eigene Raumbewertung ihre spezifischen
Ansprüche und Bedürfnisse an "Lebensqualität" und damit ihre
Forderungen an raumordnerische und regionalpolitische Maßnahmen weitgehend selbst zu entwickeln. Durch eine verstärkte Einbeziehung in Entscheidungsfindungsprozesse durch ver-
mehrte Selbstbestimmung könnten damit Ursachen der Unzufriedenheit gegenüber bisheriger Raumordnungspolitik vermindert
werden.

Die räumliche Abgrenzung der notwendigerweise neu zu bilden-
den "Regionen", die i.w.S. als Räume der Selbstidentifikation gesehen werden könnten, ist methodisch allerdings nicht
unproblematisch. Wir konnten in unseren Erhebungen jedoch
ermitteln, daß die Bevölkerung unserer Untersuchungsgebiete
klar faßbare Vorstellungen (mental maps) von der Reichweite
solcher "Regionen" im Sinne von Räumen der Selbstidentifikation besitzt (ausführliche Analysen dazu finden sich in dem
Artikel von FRIEDRICH und WARTWIG in diesem Heft).

Der Nachweis von gebietsspezifischen Komponenten, die Eingang in die Raumbewertung, in Wertvorstellungen und Verhaltensweisen finden, sollte jedoch nicht dazu verführen, eine

ausschließliche regionalistische Trendwende anzustreben. Denn unsere Untersuchungen zeigten nicht nur die Bedeutung regionaler Effekte, sondern auch ganz eindeutig die große Rolle gruppen- und schichtenspezifischer Ansprüche und Bedürfnisse der Bewohner sowohl bei der Formulierung von "Lebensqualität" als auch bei der Raumbewertung und bei raumwirksamen Verhaltensweisen.

Unter regionalpolitischem Aspekt soll dazu noch einmal besonders angemerkt werden, daß sich bei der jüngsten Gruppe unserer Befragten, also einer der wichtigsten Zielgruppen raumordnungs- und regionalpolitischer Maßnahmen, die Ansprüche und Bedürfnisse fast ausschließlich altersspezifisch gebunden und ohne klar erkennbare regionale Differenzen nachweisen ließen. Die Konsequenz daraus ist u.E., daß die regionalistische Komponente zwar nicht der ausschließliche Maßstab für ein Entwicklungskonzept für den ländlich-peripheren Raum sein kann, daß aber die Einbeziehung von mehr regionaler Selbstbestimmung und mehr regionaler Selbstverwirklichung in zukünftige Konzepte und Strategien zur Entwicklung ländlich-peripherer Räume unerläßlich scheint, um nicht nur Unzufriedenheit unter den Bewohnern abzubauen sondern auch um Fehlentwicklungen zu vermeiden.

RÄUMLICHE IDENTIFIKATION - PARADIGMA EINES REGIONSORIENTIERTEN RAUMORDNUNGSKONZEPTES

Klaus FRIEDRICH und Helga WARTWIG

1. Problemstellung

Die Entwicklung des Forschungsprojektes war von dem seit langem verfolgten Unbehagen der Wissenschaftler und Planungspraktiker an der Situation im ländlichen Raum gekennzeichnet. Ausgehend von der vielfach konstatierten Strukturschwäche und kritischen Beurteilung von raumordnerischen Maßnahmen erwarteten wir eine entsprechende Reaktion seitens der betroffenen Bevölkerung. Stattdessen zeichnet jene nach unseren Ergebnissen in beiden Untersuchungsgebieten, trotz teilweise heftiger Kritik an der Arbeits- und Versorgungssituation, eine enge Verbundenheit mit ihrem Lebensraum und den Lebensbedingungen aus.

Unter dem Gesichtspunkt der hier diskutierten Tragfähigkeit eines auf kleinere Einheiten und die Bedürfnisse der Betroffenen ausgerichteten Raumordnungskonzeptes ergeben sich aus diesem Befund vor allem zwei Fragen:

1. Inwieweit läßt sich eine derartige Identifikation räumlich erfassen und abgrenzen, um sie für neu zu definierende Planungseinheiten heranziehen zu können?
2. Welchen Wirkungsgrad besitzen traditionelle sowie gebiets- bzw. gruppenbezogene Einflüsse auf den planungsrelevanten Entscheidungsfindungsprozeß der Bewohner ländlich-peripherer Gebiete?

Die Analyse räumlicher Identifikation nach ihrer distanziellen und inhaltlichen Substanz bildet danach einen wesentlichen Schwerpunkt der vorliegenden Studie. Die Bestimmung des Raumes, der die Selbstidentifikation der untersuchten Bevölkerung widerspiegelt (Kapitel 2), ist als Beitrag zur Abgrenzung nach "regionalen" Gesichtspunkten zu verstehen. Die Frage nach den Ursachen und Wirkungen des Bewertungsverhaltens ländlicher Bewohner gegenüber ihrer räumlichen Umwelt

zielt auf eine Erklärung jener standortbezogenen Verbundenheit (Kapitel 3).

Die verwendeten Daten wurden im Rahmen des in diesem Heft
dokumentierten Forschungsprojektes erhoben. Ihre Auswertung
und Interpretation erfolgt vornehmlich unter der Perspektive
wahrnehmungs- und verhaltenstheoretischer Ansätze. Damit
steht auch deren Tragfähigkeit für raumordnungsorientierte
Grundlagenforschung zur Überprüfung an. Wir verstehen unsere
Arbeit als einen Beitrag hierzu!

2. Identifikationsareale als instrumentelle Grundlage regionaler Abgrenzung

2.1. Aufgabenstellung und methodische Ansätze

Üblicherweise werden regionale Einheiten für Planungszwecke
weitgehend nach funktionalen Kriterien, strukturellen Gegebenheiten der Raumausstattung oder sozialstatistischen Merkmalen der Bewohner festgelegt. Nachteilig ist dabei, daß die
räumliche Aggregation der Daten innerhalb administrativer
Grenzen erfolgt, sich also an vorgegebenen Größen orientiert. Hier sollen demgegenüber die "verinnerlichten Maßstäbe" der betroffenen Bewohner, die "Regionen in ihren Köpfen"
als Grundlage der Abgrenzung dienen. Folglich wird hier Region nach HAGGETT (1973, S. 303 ff.) verstanden als offenes
System im Sinne der Systemtheorie, deren Grenzen dynamisch
sind, weil sie sich je nach Reichweite der subjektiven Vorstellungen ihrer Bewohner verändern. Die Tragfähigkeit re-
gionalorientierter Raumordnungskonzepte in der Praxis ist
wesentlich davon abhängig, ob es gelingt, die Existenz solcher regional gebundener "Identifikationsareale" nachzuwei-
sen und ein Verfahren zu entwickeln, diese nach Intensität
und Reichweite voneinander zu unterscheiden.

Die damit angestrebte Erfassung der räumlichen Dimension
kognitiver Grundmuster hat in der angelsächsischen Wissenschaft durch die Ansätze von TOLMAN (1948) und vor allem
LYNCH (1960) zu einer Schwerpunktbildung wahrnehmungsgeo-

graphischer Forschung geführt und daneben Impulse auf ökono-
mischer und planerischer Ebene gegeben und erhalten (vgl.
DOWNS und STEA 1973, 1982; GOULD und WHITE 1974).

Raumbezogene Vorstellungsbilder oder Wahrnehmungsräume können z. B. mittels Interviews aus Präferenzen bzw. Abneigun-
gen, semantischen Verfahren der Gewinnung von Polaritätspro-
filen, dem Vergleich euklidischer und subjektiver Distanzen
oder der verbalen bzw. graphischen Beschreibung wahrgenomme-
ner Strukturmerkmale abgeleitet werden. Es war LYNCH (1960),
der sich als erster in Boston die Wahrnehmung städtischer
Umwelt auf diese Weise beschreiben ließ. Die zusammengefaß-
ten Ergebnisse stellte er in Karten, sog. mental maps dar,
die die Häufigkeit der Nennungen bestimmter Objekte wieder-
geben. Im Vergleich zur "objektiven" Stadtstruktur war es
ihm damit möglich, die Verzerrungen dieser wahrgenommenen
Ausschnitte oder "subjektiven" Stadtpläne (vgl. hierzu auch
FRIEDRICHS 1977, S. 306 ff.; NEISSER 1979, S. 89-103) zu belegen.

In Deutschland dagegen ist nach wie vor der grundsätzliche
analytische Wert derartiger Ansätze (WIRTH 1981; HARD 1983)
umstritten, befinden sich die methodischen Schritte noch im
Erprobungsstadium. Nach den wohl mehr unter theoretischem
und didaktischem Stellenwert zu sehenden Einführungen von
HARD (1973), THOMALE (1974) und SCHRETTENBRUNNER (1974) erfolgte die empirische Adaption zögernd. Wahrnehmungsgeogra-
phische Ansätze wurden bisher vor allem bei Fragestellungen
aufgegriffen, die sich mit der Attraktivität von Städten
(MONHEIM 1972; RUHL 1971), der innerstädtischen Perzeption
(HÖLLHUBER 1976; FRIEDRICH 1978), der Einschätzung von Um-
weltrisiken (GEIPEL 1977; STEUER 1979), der Wahrnehmung
"sperriger Infrastruktur" sowie der Umweltqualität (POHL und
GEIPEL 1983; NIEDENZU u.a. 1982) beschäftigen.Die Registrie-
rung der unterschiedlichen Raumvorstellungen und ihre Einbindung in Erklärungsmodelle standen dabei im Vordergrund
(vgl. KÖHLER 1981, S. 42-53).

Unseres Wissens bisher nicht erprobt wurde die Eignung dieser Ansätze für die Abgrenzung von Identifikationsarealen,

wie sie vorzufinden sind, wenn enge emotionale Bindungen und/oder die Gefühle struktureller Zugehörigkeit von Individuen mit bestimmten räumlichen Bereichen verknüpft sind. Im hier diskutierten Zusammenhang interessiert vor allem die Erfassung und Darstellung regionaler Vorstellungsbilder, weil sie u. E. gemeinsam mit den im nächsten Kapitel untersuchten Ursachen räumlicher Verbundenheit Bestandteil territorialer Identifikation sind. Die Einbeziehung bisher weitgehend ausgeklammerter Wahrnehmungs-, Erfahrungs- und Orientierungsräume der Bewohner vermittelt ein Bild, das sie sich von "ihrer" Region machen. Selbst wenn dies nur einen subjektiven Ausschnitt des gesamten räumlichen Spektrums darstellt, ist es eine wesentliche Grundlage raumwirksamer Entscheidungen. Bezugsareale, die auf diese Weise abgeleitet werden, können sich auf die Bestätigung durch die Planungsbetroffenen stützen und besser als bisher gewandelten Bedürfnissen angepaßt werden.

2.2. Verfahren der Datengewinnung

Die physische Existenz von Individuen in ihrer Lebensumwelt und die Reflexion der eigenen Zuordnung - ein sich Wiederfinden - führt zu graduell unterschiedlicher räumlicher Identifikation. Unser Anliegen, sie nach ihrer Reichweite und Intensität darzustellen, erfordert unterschiedliche Wege der Informationsgewinnung. Im Rahmen von persönlichen Interviews wurde zunächst die mehr emotionale Komponente über eine verbalisierte Abgrenzung des Heimatbegriffs in der offenen Frage 33 zugänglich gemacht. Die Befragten sollten angeben, was sie als ihre Heimat ansehen. Die Antworten konnten kategorisiert und quantitativ ausgewertet werden.

In einem weiteren Schritt erfolgte die Konkretisierung der eigenen Zuordnung, die Abgrenzung "ihrer" Region, über das Verfahren der zeichnerischen Fixierung. Entsprechend der Konzeption des wahrnehmungsgeographischen Ansatzes wurde davon ausgegangen, daß die Bewohner ihr Regionsbild auf eine vorgelegte Karte projizieren können. Die darin vorgegebenen Orte - nach ihrer Bedeutung ausgewählt - repräsentieren das

Siedlungsnetz des Gebietes, das sich zwischen Frankfurt und Kassel zur DDR - Grenze erstreckt (siehe Anhang). In diese Karte sollten die Probanden jenen Bereich eintragen, in dem man ihrer Ansicht nach ähnlich denkt und in dem die gleichen Probleme vorliegen (Frage 32).

Die überwiegende Mehrheit der Befragten (86 %) war in der Lage, ihr Vorstellungsbild räumlich zu fixieren. Die Interviewer berichteten von einer unerwartet präzisen Ortskenntnis. Aufgrund des starken Fragebogenrücklaufs kann das Ergebnis als durchaus repräsentativ für beide Untersuchungsgebiete angesehen werden. Für die Auswertung wurden die relativen Häufigkeiten aller berücksichtigten Siedlungen errechnet und in Nennungsprofilen dargestellt. Zur dreidimensionalen Umsetzung der mental maps mußten die Koordinaten der Ortschaften nach Auflage eines Quadratrasters codiert werden. Die Herstellung der Plots erfolgte am Rechenzentrum der TH Darmstadt mit dem DISSPLA Grafik-Programm.

2.3. Ermittlung von Identifikationsarealen

2.3.1. Heimat

Die Autoren waren sich der Problematik bewußt, den mehrdeutigen Heimatbegriff (HEIMAT HEUTE 1980) unerläutert im Interview zu verwenden. Er hatte im Verlauf der deutschen Geschichte eine allmähliche Ideologisierung bis hin zum politischen Mißbrauch erfahren (BEECK 1981, S. 46 ff.). Andererseits schien die Operationalisierung von "Heimat" als aktuell existentes Phänomen einer gefühlsmäßigen Bindung an räumliche Substrate (BROCKHAUS 1981, S. 39 ff.) ein geeigneter Stimulus zu sein, diesen persönlich-emotionalen Gehalt räumlicher Verbundenheit erschließen zu können.

Die Auswertung der Antworten zeigt, daß Vogelsberg und Rhön weitgehend den Rahmen bilden, der als Heimat angesehen wird. Für jeweils drei Viertel der Befragten beider Untersuchungsgebiete liegt sie i n n e r h a l b ihrer Landschaftseinheit. Gemeinsam ist ebenfalls die häufige Nennung des jewei-

ligen Wohnortes. Deutliche Reichweitenunterschiede treten in
den weiteren Antworten auf, bei denen die Rhöner den Heimatbegriff stärker auf einen Teilraum (z.B. Hünfelder Land,
Vorderrhön) beziehen, die Vogelsberger hingegen auf den gesamten Vogelsbergbereich.

Tab. 1: Heimat nach regionaler und konfessioneller Zugehörigkeit (in % der Befragten)

	Vogelsberg			Rhön		
	ev.	kath.	gesamt*	ev.	kath.	gesamt*
Geburtsort	3,0	2,6	3,7	5,6	2,0	3,0
Wohnort	35,5	38,4	34,6	46,1	36,1	39,1
Teilraum	3,0	5,1	3,7	14,8	19,0	17,8
Vogelsb. bzw. Rhön	38,3	33,3	36,3	9,3	25,2	20,8
Hessen	7,7	10,3	8,3	9,3	8,8	8,9
Bundesrepublik	6,5	2,6	6,0	9,3	4,8	5,9
DDR/Ostdeutschland	3,6	7,7	4,6	1,9	4,1	3,5
heimatlos	2,4	0,0	2,8	3,7	0,0	1,0
	N=169	N=39	N=217	N=54	N=147	N=202

*einschließlich Konfessionslose

Die Schichtung nach sozialstatistischen Merkmalen der Befragten zeigt nur im Hinblick auf die Konfessionszugehörigkeit aussagekräftige Variationen dieser regionalen Unterschiede. So wird der Gesamtraum Rhön überdurchschnittlich
häufig von den dominierenden Katholiken als Heimat angesehen, während die in der Minderheit befindlichen Protestanten sie auf ihren Wohnort beschränken. Im Vogelsberg hingegen ist diese Unterschiedlichkeit nur noch tendenziell vorhanden. Die weiteren Bezugsareale sind der Vollständigkeit
wegen in Tab. 1 aufgeführt, ohne daß sie hier interpretiert
werden.

2.3.2. Mental maps

2.3.2.1. Ergebnisse in regionaler Sicht

Das Selbstverständnis der Befragten von ihrer "Region" im Sinne eines Raumes, mit dem sie sich im Hinblick auf strukturelle Probleme, Denkweisen und Wertmuster identifizieren, wird anhand ihrer mental maps dargestellt und analysiert.

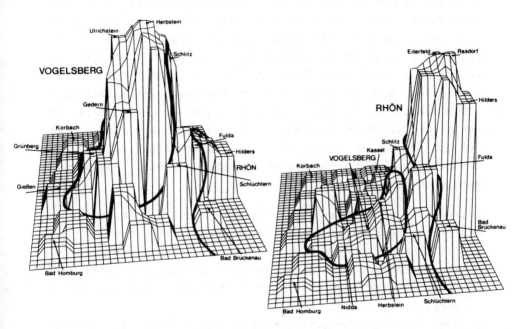

Abb. 1: Mental maps der Befragten in den Untersuchungsgebieten Vogelsberg und Rhön

Die perspektivisch-visuelle Form der projizierten Regionsbilder zeigt eine deutlich voneinander unterscheidbare "Nennungstopographie". Während sich die Kurve im Vogelsberg der Form einer Normalverteilung nähert, entspricht der Aufriß in der Rhön wegen des erhebungsbedingten Schnitts an der DDR-Grenze im Osten insgesamt dem Bild einer schiefen Verteilung.

Übereinstimmend ist der weitgehende Bezug der Befragten auf die zentralen Bereiche der naturräumlichen Einheiten von Vogelsberg und Rhön. So finden sich die höchsten Gipfellagen berücksichtigter Ortschaften (zwischen 80 % bis über 90 %) in den Gebieten, die nachfolgend als Kernbereiche bezeichnet werden.

Deutliche Unterschiede in der Nennungsintensität ergeben sich bei der Betrachtung beider Teilstichproben hinsichtlich der an die Kernbereiche angrenzenden Gebiete. Im Vogelsberg erstreckt sich in östliche Richtung eine Zone, die strukturell als noch zugehörig empfunden wird. Sie reicht weit in die Rhön mit Nennungsquoten zwischen 20 % und 50 %. Dagegen erfolgt im westlichen Teil der Abfall steiler. Im Unterschied dazu identifizieren sich die Rhöner nur im angrenzenden Vogelsbergteil mit gleichhohen Nennungsanteilen (20 % bis 50 %). Es ist dies die Gegend um Wartenberg und Lauterbach, gleichbedeutend mit den westlich und nordöstlich der Rhön gelegenen Orten. Die in der Peripherie dargestellten Bereiche werden von allen Befragten nur noch mit geringer Intensität (5 %) belegt.

Zusammenfassend lassen sich drei Unterschiede im Vergleich der mental maps beider Teilbevölkerungen festhalten:
1. Die Nennungstopographie der Rhön als Grenzgebiet ist gekennzeichnet durch einen abrupten Abfall nach Osten. Dadurch ergibt sich eine unterschiedliche Perspektive im Vergleich zum Vogelsberg.
2. Von den Vogelsbergern wird die Rhön stärker als strukturell zugehörig empfunden, während dies umgekehrt bei den Rhönbewohnern nur für die Randgebiete des Vogelsberges zutrifft.
3. Die weitgehende Ausblendung der westlichen und südwestlichen Bereiche durch die Vogelsberger und der nördlichen Zone durch die Rhönbewohner liegt u. E. an den schon als städtisch empfundenen Strukturen der Senkenzonen des Rhein-Main-Gebietes und des Verdichtungsraumes Kassel.

2.3.2.2. Ergebnisse unter gruppenspezifischen Gesichtspunkten

Die "gemittelten" Regionsbilder der Bewohner beider Untersuchungsgebiete ermöglichen einen ersten Einblick in die generelle Struktur ihrer subjektiven mental maps. Für eine weiterführende Interpretation erscheint jedoch eine tiefere Aufschlüsselung nach solchen Merkmalen als sinnvoll, die einen Einfluß auf die Wahrnehmung räumlicher Umwelt erwarten lassen. Hinter dieser Zielsetzung steht die Vermutung, daß es nicht "das" Regionsbild beispielsweise der Rhöner in der oben dargestellten Einheitlichkeit gibt, sondern sich dieses aus einer Vielzahl durchaus unterschiedlicher Vorstellungsbilder zusammenfügt. Informationen über das spezifische Erleben räumlicher Umwelt einzelner Individuen je nach gruppengeprägter Zugehörigkeit erscheinen uns wesentlich, um angemessene planerische Maßnahmen auf die jeweiligen Zielgruppen abstimmen zu können.

Tab. 2: Varianzanalyse der Nennungshäufigkeit von Ortschaften nach sozialstatistischen und standortbezogenen Merkmalen

Quelle der Variation	Mittelwert		Quadratsumme		Freiheitsgrade		Durchschnittsquadrat		F-Wert		Signifikanz 95 %	
	Rhön	Vog.	Rhön	Vog.	Rhön	Vog.	Rhön	Vog.	Rhön	Vog.	Rhön	Vog.
Geschlecht												
weiblich	9,6	12,5										
männlich	12,6	13,3										
zwischen den Gruppen			399,4	29,2	1	1	399,4	29,2	4,0	0,3	+	-
innerhalb der Gruppen			17353,0	17696,2	174	202	99,7	87,6				
insgesamt			17752,4	17725,4	175	203						
Alter												
15 bis 18 Jahre	8,3	12,3										
18 bis 21 Jahre	17,7	16,2										
21 bis 45 Jahre	12,2	13,1										
45 bis 65 Jahre	9,3	12,4										
65 Jahre und älter	13,5	12,0										
zwischen den Gruppen			963,2	203,0	4	4	240,8	50,7	2,5	0,6	+	-
innerhalb der Gruppen			16824,4	17557,2	172	200	97,8	87,8				
insgesamt			17787,6	17760,2	176	204						
Konfession												
evangelisch	13,5	12,5										
katholisch	10,1	14,9										
zwischen den Gruppen			393,2	187,9	1	1	393,2	187,9	3,9	2,1	+	-
innerhalb der Gruppen			17295,6	17370,8	173	194	100,0	89,5				
insgesamt			17688,8	17558,7	174	195						
Wohnortstyp												
Kerngemeinde	12,5	12,6										
Ortsteil	9,0	13,4										
zwischen den Gruppen			532,2	23,4	1	1	532,2	23,4	5,4	0,3	+	-
innerhalb der Gruppen			17255,4	17736,8	175	203	98,6	87,4				
insgesamt			17787,6	17760,2	176	204						

Hierzu wurden die abgespeicherten Nennungshäufigkeiten nach den ausgewählten Strukturmerkmalen Alter, Geschlecht, Konfession, Bildung, Tätigkeit, Arbeitsstandort und Wohnortstyp disaggregiert. Bereits die Verteilungsdiagramme wiesen bemerkenswerte Abweichungen in den Merkmalsgruppen zwischen Rhön und Vogelsberg auf. Diese Unterschiede wurden im Rahmen einer Varianzanalyse auf ihre statistische Signifikanz überprüft.

Gruppenspezifisch signifikante Zusammenhänge auf dem 95%-igen Niveau lassen sich in der Rhön bei den Merkmalen Alter, Geschlecht, Konfession und Wohnortstyp nachweisen. Im Vogelsberg dagegen sind die beobachteten Mittelwertsabweichungen statistisch nicht signifikant.

Im folgenden soll anhand einiger Beispiele die perspektivisch-visuelle Unterschiedlichkeit von Bezugsarealen solcher Gruppen vorgestellt werden, bei denen der Kontrast zum mittleren Regionsbild besonders augenfällig ist.

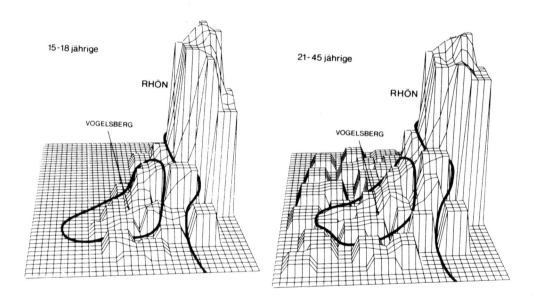

Abb. 2: Mental maps ausgewählter Altersgruppen im Untersuchungsgebiet Rhön

Die unterschiedliche Abgrenzung der Identifikationsareale wird besonders deutlich beim Vergleich der mental maps der Jugendlichen zwischen 15 und 18 Jahren mit denen der 21 bis 45jährigen. Die jüngere Altersgruppe beschränkt sich bei der Bestimmung der noch als zugehörig empfundenen Gegend weitgehend auf den Kernbereich der Rhön. Demgegenüber erstreckt sich das entsprechende Regionsbild der Erwachsenen nahezu über den gesamten Erhebungsbereich.

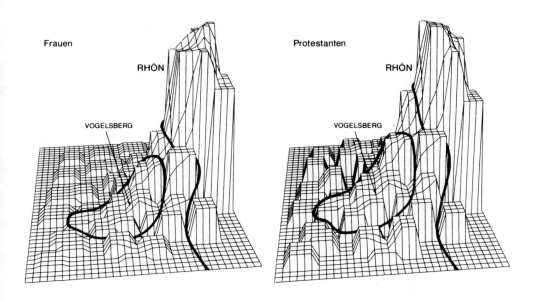

Abb. 3: Mental maps der Frauen und Protestanten im Untersuchungsgebiet Rhön

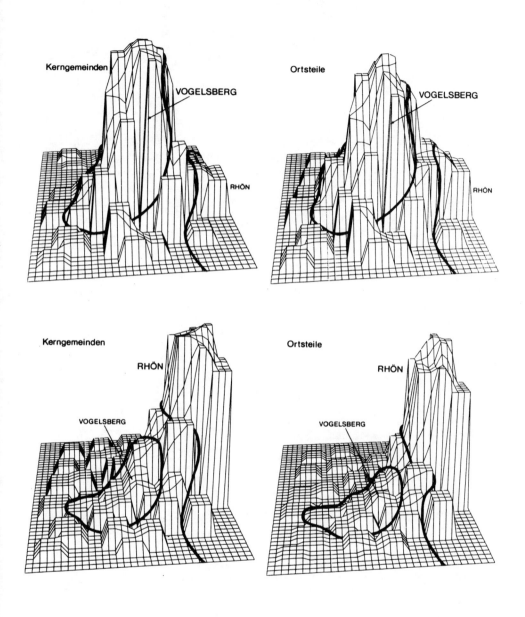

Abb. 4: Mental maps der Bewohner der Kerngemeinden und Ortsteile

Bei der Differenzierung nach dem Geschlecht weichen die Vorstellungen der Frauen, bei derjenigen nach der Konfession diejenigen der Protestanten augenscheinlich vom mittleren Regionsbild ab. Das Nennungsrelief der weiblichen Befragten flacht vor allem in den Außenzonen stark ab. Im Gegensatz dazu hat die evangelische Minderheit in der Rhön ein umfassenderes Bild von dem als strukturell zugehörig empfundenen Bereich.

Die Gruppierung nach dem Wohnstandortstyp durchbricht die tendenzielle Übereinstimmung, die bei der Differenzierung nach sozialstatistischen Merkmalen die jeweiligen Identifikationsareale in beiden Regionen auszeichnet. In der Rhön besitzen die Bewohner von Kerngemeinden ein in Intensität und Ausdehnung weitreichenderes Regionsbild als die Ortsteilbewohner. Im Vogelsberg stellt sich die Situation umgekehrt dar. Die entgegengesetzte Wirkungsweise in beiden Untersuchungsgebieten deutet in diesem Fall auf die Existenz regionaler Effekte hin.

2.3.2.3. Interpretation

Für eine analytische Deutung erscheint es sinnvoll, die Unterschiedlichkeit der Raumbilder nochmals ins Gedächtnis zu rufen. Unter r e g i o n a l e n Aspekten fällt besonders ins Gewicht, daß die Vogelsberger Bevölkerung ein weiteres Gebiet als strukturell zugehörig betrachtet als die Rhöner Befragten. Unter g r u p p e n s p e z i f i s c h e n Gesichtspunkten kennzeichnet die Rhön eine deutliche Abweichung der mental maps bestimmter Merkmalsgruppen vom kollektiven Identifikationsareal dieser Region. Das signifikant engere Regionsbild der Jugendlichen, der Frauen sowie der dominierenden Konfession belegt, daß hier gruppenspezifische Komponenten eine größere Rolle spielen als im Vogelsberg, wo richtungsgleiche Unterschiede zwischen den Merkmalsgruppen vorhanden sind, die jedoch statistisch geringer ins Gewicht fallen.

Die Existenz derartiger Abweichungen je nach Gruppenzugehörigkeit bestätigt die Vermutung, daß die Reichweiten nicht

festgelegt, sondern d y n a m i s c h sind. D.h. mit dem
Wandel der konkreten Lebenssituation (z. B. Übergang von der
Ausbildung in die Berufstätigkeit) und der damit verbundenen
Änderung von Handlungszielen ist eine Veränderung der räumlichen Vorstellungsbilder zu erwarten. Darüberhinaus werden
diese Effekte teilweise von gegenläufigen, vermutlich regionalen Komponenten überlagert. Besonders deutlich wird dies
bei den Bewohnern der Ortsteile, die bei der Teilstichprobe
Vogelsberg - im Unterschied zur Rhön - ein weitreichenderes
Regionsbild besitzen. Schließlich lassen die in Tab. 2 aufgezeigten Varianzanteile den Schluß zu, daß nicht allein die
hier berücksichtigten Merkmale, sondern ein komplexes Bezie-
hungsgeflecht für eine hinreichende Erklärung in Frage kommen.

Obwohl dies nicht Gegenstand der Untersuchung war, erscheint
es uns plausibel, die Abweichungen regionaler Abgrenzung aus
der unterschiedlichen funktionalen Verknüpfung beider Regionen mit dem Innovationszentrum Rhein-Main zu erklären (vgl.
Abschn. 3.4.2. im Beitrag von MAY). Nach den bisherigen Ergebnissen aktionsräumlicher Forschung besteht nämlich ein
enger Zusammenhang zwischen der Struktur des individuellen
Aktionsfeldes und derjenigen des Wahrnehmungsraumes (GANS
1983, S. 4 ff.). Persönliche Außenkontakte mit Funktions-
standorten (z.B. Arbeits-, Ausbildungs- und Einkaufsstätten)
tragen in Form eines Lernprozesses zu deren Aufnahme in die
mental maps bei. Die auf diese Weise zustandegekommenen Vorstellungsbilder weisen darüberhinaus eine weniger verzerrte
Perspektive auf, als wenn die räumliche Kenntnis lediglich
über indirekte Informationsquellen (z. B. Medien) vermittelt
wurde.

Ebenso beeinflußt die verkehrsferne Lage einer Region die
unterschiedlichen Erfahrungs- und Mobilitätsspielräume bestimmter Gruppen. So besitzen die Jugendlichen,aber auch die
älteren Bewohner der R h ö n im Vergleich zu den mehr außen-
orientierten mittleren Altersgruppen der über 18jährigen einen geringeren Aktivitätsradius und beziehen sich deshalb
stärker auf ihren engeren Lebensraum (vgl. hierzu auch MAIER
u. BURGER 1983, S. 53 ff.). Ähnlich verhält es sich bei der

88

<u>Abb. 5:</u> Luftbild Freiensteinau im Vogelsberg
(Bild-Nr. 1699, Flugjahr 1981)

eingeschränkteren Notwendigkeit oder Möglichkeit der Frauen, aus beruflichen oder privaten Anlässen ihre alltägliche Umwelt zu verlassen. Nach den bisher vorliegenden Ergebnissen läßt dies die Konservierung bestehender traditioneller, gruppen- und rollenbezogener Einstellungen erwarten.

Im V o g e l s b e r g dagegen spielt diese distanzielle Komponente eine geringere Rolle, führt nicht zu einer peripheren Lagesituation. Kontakte mit dem nähergelegenen Verdichtungsgebiet beschränken sich nicht auf gelegentliche Besuche, sondern sind stärker als in der Rhön institutionalisiert. Berufs- und Ausbildungspendler, auch Frauen, haben ständige Beziehungen zum Rhein-Main-Gebiet, mit der Folge einer stärkeren Diffusion städtischer Grundeinstellungen. Diese wirken zwar nivellierend auf traditionelle Orientierungen, führen jedoch nicht zu einem Abbau des Bewußtseins, dem ländlichen Raum anzugehören. Die Bevölkerung des Vogelsberges fühlt sich vielmehr in hohem Maße den Menschen und Problemen der Rhön vertraut.

2.4. Zusammenfassung

Zentrales Ergebnis, auch unter raumordnerischen Gesichtspunkten, ist der Nachweis der Existenz einer klar unterscheidbaren Vorstellung der Bevölkerung des ländlichen Raumes über die eigene regionale Zugehörigkeit. Als geeignetes Instrumentarium, derartige Identifiktionsräume zu erfassen und darzustellen, erwies sich die Konzeption der mental maps. Sie ermöglicht gegenüber der lediglich verbal erhobenen Komponente Heimat eine weniger grobrasterige, stärker differenzierte und damit präzisere räumliche Abgrenzung des Gebietes, mit dem sich die Bewohner verbunden fühlen. Auch wird mit ihrer Art der Erhebung - der Projektion räumlicher Zugehörigkeit auf eine Karte - die Mehrdeutigkeit umgangen, die sich aus der z. T. widersprüchlichen Anwendung des Heimatbegriffs ergibt. Dennoch gewinnt jener in Verbindung mit den mental maps einen zusätzlichen Informationswert. So wird der hierdurch bestimmte Raum emotionaler Bindung enger gefaßt als der durch die stärker strukturell definierten mental maps; andererseits aber bestätigt er den weitgehenden

Bezug der Befragten auf die Kernbereiche beider Regionen.

Denkbare Anwendungsbereiche des hier vorgestellten Verfahrens - unter Einbeziehung der Planungsbetroffenen - sehen wir beispielsweise in der Überprüfung regionaler bzw. zielgruppenorientierter Planungseinheiten oder bei der Festlegung regionsübergreifender Funktionsstandorte.

Mit Rücksicht auf unser forschungsleitendes Anliegen mußten wichtige Problemkreise ausgeklammert werden. So sind beispielsweise folgende Fragen bisher nicht geklärt: Inwieweit besteht ein Zusammenhang zwischen Reichweite und Präzision des Regionsbildes? Deutet ein weites Regionsbild auf eine stärkere Sensibilisierung für die eigenen räumlichen Probleme und Offenheit für die Probleme der anderen Regionen hin oder ist es lediglich ein Indiz für weniger stabile räumliche Vorstellungen? Welche Rolle spielt die physische Raumgestalt im Prozeß der subjektiven Vorstellungsbildung? Besteht eher Übereinstimmung oder Divergenz zwischen den Identifikationsarealen und den zugehörigen funktionalen bzw. administrativen Abgrenzungen? Es wäre sicher, auch reizvoll gewesen, die These zu überprüfen, daß die unterschiedliche Reichweite regionaler Identifizierung einen Einfluß hat auf die im nächsten Kapitel behandelte Verbundenheit der Bewohner mit ihrer räumlichen Lebensumwelt.

3. Standortbezogene Verbundenheit als Regelerscheinung im ländlichen Raum

3.1. Aufgabenstellung

Wie eingangs erwähnt, besteht ein Dissens in der Beurteilung der Lebensverhältnisse im ländlichen Raum zwischen denjenigen, die sich wissenschaftlich oder von Seiten der Raumordnung mit dieser Gebietskategorie beschäftigen und denen, die dort wohnen. So konstatieren die Fachleute - gestützt auf statistisch faßbare Tatbestände (LAUFENDE RAUMBEOBACHTUNG 1978; CHANCEN DES SOZIALEN AUFSTIEGS IN DEN TEILRÄUMEN DER BUNDESREPUBLIK DEUTSCHLAND 1980) - Strukturschwäche und

Rückständigkeit und unternehmen den Versuch, durch raumordnerische Maßnahmen beispielsweise dem prognostizierten Ver-
lust von Lebensqualität oder der "sozialen Erosion" in Form
der Abwanderung junger Bevölkerungsteile (GATZWEILER 1982)
durch Schaffung gleichwertiger Lebensbedingungen gegenzu-
steuern. Demgegenüber vermitteln uns die betroffenen Bewohner ein durchaus positives Bild ihrer Lebensumwelt (vgl. z.
B. den Beitrag von MAY in diesem Heft; ALTKRÜGER-ROLLER u.
FRIEDRICH 1982; GÜNTHER 1975, S. 117-119). Offensichtlich
orientieren sie ihre Maßstäbe und Verhaltensformen nur noch
in geringem Maße an den Leitbildern der Verdichtungsräume,
denn die Abwanderung dorthin wird zwar von vielen Jüngeren
als unumgänglich, aber nicht als erstrebenswert erachtet.
Diese Wertschätzung und Verbundenheit mit der eigenen Lebensumwelt kann als ein wesentliches Kennzeichen des ländlichen Raumes (MARX 1983) angesehen werden.

Ein analytischer Schwerpunkt des vorliegenden Forschungsprojektes besteht darin, Ursachen für diese evidente Diskrepanz
zwischen den "objektiven" Bedingungen des ländlichen Raumes
und der subjektiven Befindlichkeit seiner Bewohner zu klären. Konkret bedeutet dies, jene Faktoren und ihre regionalen
Wirkungen zu untersuchen, die Einfluß auf die standortbezogene Verbundenheit haben. Dies schließt auch die Frage ein,
inwieweit das Entscheidungsverhalten der Planungsbetroffenen
allein von der materiellen Infrastrukturausstattung abhängt
oder ob es immaterielle Komponenten steuern bzw. beeinflussen.

Unter raumordnerischen Gesichtspunkten soll unsere Fragestellung dazu beitragen, bestehende Informationslücken
zwischen objektiven Rahmenbedingungen und den Verhaltenskon-
sequenzen der Betroffenen so weit wie möglich zu füllen
(vgl. hierzu MOEWES 1980). Verläßlicher als bisher ließe
sich dann beurteilen, ob unter einer Verbesserung von Lebensqualität nur eine erweiterte Infrastrukturausstattung zu
verstehen ist, oder ob die standortbezogene Verbundenheit
tragfähig genug ist, um beispielsweise Einfluß auf die Abwanderung von Jugendlichen nehmen zu können.

Darüberhinaus hätten entsprechende - aber in diesem Rahmen nicht durchführbare - Analysen über die Dauerhaftigkeit jener Wertschätzung des ländlichen Raumes aus der Sicht seiner Bewohner Konsequenzen für die Ausgestaltung eines dezentralisierten Raumordnungskonzeptes. Eine Rückkopplung würde auch dazu beitragen, die Erfolgskontrolle durchgeführter Maßnahmen auf eine abgesichertere Basis zu stellen. Die Berücksichtigung regionaler Bedürfnisstrukturen dürfte schließlich die Entscheidung erleichtern, inwieweit das Informationssystem der Laufenden Raumbeobachtung durch subjektive Indikatoren (HOFFMANN-NOWOTNY u.a. 1976) aus der Sicht der Betroffenen ergänzt werden muß, um seinen analytischen und prognostischen Ansprüchen zu genügen (vgl. GATZWEILER u. MEUTER 1983).

3.2. Methodische Ansätze und forschungsleitende Hypothese

Für unseren Untersuchungskontext kann z. T. auf Vorarbeiten der M o b i l i t ä t s f o r s c h u n g zurückgegriffen werden. Indem sie Motive des vollzogenen, erwogenen oder ausbleibenden Fortzuges erhebt, fallen gleichsam als Nebenprodukte Informationen über Bindungswerte an den jeweiligen Wohnstandort ab. Dieser oft retrospektive oder hypothetische Weg der Informationsgewinnung hat allerdings den Nachteil, daß hauptsächlich "rationale" Argumente in den Vordergrund gestellt werden. Dementsprechend sind in den bisherigen Untersuchungen von Wanderungswiderständen vor allem materielle Komponenten wie Grund- und Hausbesitz, ein vorhandener Arbeitsplatz, die Möglichkeit zum Neben- oder Zuerwerb belegt (vgl. z. B. MACKENSEN u. a. 1975; ALBRECHT 1972; KRYSMANSKI 1967; WEICHBRODT 1977; UFFMANN 1980). Sie werden im Rahmen der Studie auch erfaßt, hier aber nicht weiter verfolgt, weil sie uns kein Spezifikum des ländlichen Raumes zu sein scheinen.

Einen größeren Erklärungsgehalt für unsere Fragestellung besitzen demgegenüber jene Komponenten, welche die subjektive Sicht der räumlichen Ausstattungsqualität ländlicher Region abbilden. So sieht z. B. ZIMMERMANN (1973, S. 122 ff.) einen aussagekräftigen Zusammenhang zwischen der Wohnortszufrie-

94

denheit und dem Vorhandensein spezifischer örtlicher Infrastruktur, die der Befragte für sich persönlich als sehr
wichtig einstuft. Attraktivitätsmerkmale ländlicher Wohnstandorte als potentielle Faktoren von Seßhaftigkeit sind
danach Natur, Landschaft und soziale Beziehungen. Problem-
druck entsteht dagegen aus der Arbeitsmarktlage sowie ge-
bietsbezogen aus der Versorgungs- und Verkehrssitution (vgl.
hierzu Tab. 3 sowie AGRARSOZIALE GESELLSCHAFT 1979, S. 11;
BATTELLE-INSTITUT 1969, S. 33; DOBBERKAU 1980).

Die unterschiedlichen Versuche, aus s o z i o l o g i -
s c h e r Sicht das im vorigen Abschnitt angerissene "Zu-
friedenheitsparadoxon" einer generellen Lebenszufriedenheit
trotz unzureichender Bedingungen zu erklären, faßt ZAPF
(1979, S. 6 f.) zusammen: Nach der Theorie der individuellen
Statussuche werden im Zeitvergleich "kollektive Verbesserungen subjektiv nur unter den Bedingungen individueller Ver-
gleichsvorteile honoriert". Nach der Theorie der politischen
Armut hängt es "von der politischen Kultur, der politischen
Sozialisation und den eigenen politischen Ressourcen ab, inwieweit man Mißstände artikuliert. So sind die 'politisier-
ten' Schweden unzufriedener als die 'privatisierten' Dänen,
bei gleichen oder besseren Lebensbedingungen". Nach der
Theorie der Happiness-Barriere und der Anspruchsresignation
empfinden Menschen einen sozialen Druck gegen das Einge-
ständnis von Unzufriedenheit. "Sie belügen sich oder wenig-
stens die Interviewer mit hohen Zufriedenheitsangaben". Die
Theorie des Wertwandels schließlich konzentriert sich eher
auf die Unzufriedenheit der Bessergestellten und folgert,
"daß lange Jahre des Wohlstands dauerhafte Prioritätsver-
änderungen bewirken und damit, insbesondere für Jüngere und
besser Ausgebildete, Anspruchsdefizite und geringere Zufriedenheit mit den 'bourgeoisen' Verhältnissen" auftreten.

Detaillierter als diese gesamtgesellschaftlichen Ansätze
sind die Schlußfolgerungen von TREINEN (1974) über die An-
hänglichkeit von Personen an einen bestimmten Ort. In schein-
barer Widersprüchlichkeit zu unserer raumwissenschaftlich
orientierten Fragestellung führt er diese symbolische Ortsbezogenheit nicht auf die spezielle Ausprägung der physi-

schen Umwelt zurück, sondern auf die Verankerung im dörflichen Sozialzusammenhang. Der Ort ist damit lediglich ein an-
schauliches räumliches Symbol sozialer Interaktions- und
Verkehrskreise.

Nach den vorliegenden Ergebnissen w a h r n e h m u n g s -
und v e r h a l t e n s w i s s e n s c h a f t l i c h e r
Ansätze (vgl. Abschn. 2.1.) ist eine enge Wechselbeziehung
zwischen räumlicher Struktur, ihrer Perzeption und dem Verhalten von Individuen vorauszusetzen. Nach STOKOLS (1977)
finden die drei Grundformen menschlicher Transaktionen mit
der Umwelt (orientation, operation, evaluation) in Form von
test-operate-test-Schleifen statt. Dabei wird ständig überprüft, wie adäquat Umwelt im Hinblick auf die Durchführung
raumwirksamer Aktivitäten ausgestattet ist und inwieweit die
Handlungsergebnisse mit den eigenen Zielvorstellungen über-
einstimmen. Menschliches Verhalten orientiert sich jedoch
nicht allein an diesen zweckbestimmten Kalkülen, sondern
auch an Maßstäben, die den nichtrationalen Bereichen zuge-
ordnet werden können (KLINGBEIL 1977; HEUWINKEL 1981; AK-
TIONSRÄUMLICHE FORSCHUNG 1980). Das in Abb. 6 dargestellte
Schema des Verhaltensablaufs, wie es WIESSNER (1978, S. 420)
nach DOWNS (1970, S. 85) modifiziert hat, impliziert, daß
das Individuum Informationen aus der realen Welt empfängt
und mit Hilfe eines subjektiven Wertesystems filtert. Diese
Selektion hat Einfluß auf das Zustandekommen eines Raumimages,das wiederum eine wesentliche Grundlage für Entscheidungen zu raumwirksamen Aktivitäten darstellt.

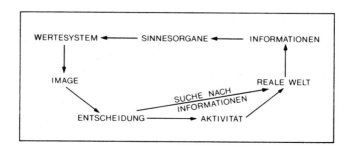

Abb. 6: Schema des Verhaltensablaufs (in Anlehnung an DOWNS
         1970, S. 85)

Bisher ist der Nachweis der Existenz solcher Wertmuster und ihres Stellenwertes für das Zustandekommen regionaler Raumvorstellungen nicht erfolgt, weil die empirische Wahrnehmungs- und Verhaltensforschung diesen Zusammenhang thematisch und in Bezug auf den ländlichen Raum (AKTIONSRÄUMLICHE FORSCHUNG 1980, S. 12; WEHLING 1982, S. 107) weitgehend ausgeklammert hat.

Folgten wir den meisten bisherigen Arbeiten zum "behavioral approach", müßten auch wir an dieser Stelle den Forschungsprozeß unterbrechen und ihn erst dort wieder aufnehmen, wo es um die empirisch faßbare Raumbewertung, die Informationsquellen sowie die registrierbaren raumwirksamen Aktivitäten in ihren jeweiligen Differenzierungen geht. Unberücksichtigt bliebe dann die Diskussion der Ursachen und Beweggründe des selektiven Charakters der Informationsverarbeitung und der Filterung durch das Wertesystem, die in nahezu allen Arbeiten beinahe axiomatisch betont werden. Die übliche Ausklammerung dieser Aspekte von der empirischen Überprüfung wird meist damit begründet, daß ihre Analyse von der Geographie ohnehin nicht zu leisten sei, da deren auf mittlere Maßstabsebene gerichteten Techniken wesentliche Wahrnehmungs- und Bewertungsvorgänge verborgen bleiben müßten (DÜRR 1979, S. 16). Zuständig hierfür seien die Disziplinen, die sich mit individuellen, psychologischen Bedingungen beschäftigen. Wir vertreten demgegenüber die These, daß sich die Übernahme oder Ausblendung bestimmter Informationen mit regionalen bzw. gruppenspezifischen Einstellungen erklären lassen (vgl. ALTKRÜGER-ROLLER u. FRIEDRICH 1982, S. 60 ff.), die ihrerseits durch unterschiedliche Werteorientierungen geprägt sind.

Im Unterschied beispielsweise zu den Ergebnissen des "Wohlfahrtsurveys" (MATTHES 1978 nach BÖLTKEN 1983, S. 1122) gehen wir davon aus, daß derartige "ländliche" Wertmuster existieren.Sie begründen sich u.E. in der traditionellen, durch den dörflich-ländlichen Sozialkontext bestimmten Umwelt und besitzen einen entscheidenden Einfluß auf die Beurteilung der "objektiven" Gegebenheiten. Danach wird die eigene Position abweichend von der Sicht der Verdichtungsräume gesehen,

werden eigene Bedürfnisse formuliert und andere Verhaltens-
konsequenzen gezogen.

Mit der Reflexion der aufgeführten Ansätze und der Auswertung des vorliegenden Erhebungsmaterials werden Zusammenhänge deutlich, aus denen sich Verhaltensdispositionen im Vor-
feld raumrelevanter Entscheidungen ableiten lassen. Die for-
schungsleitende H y p o t h e s e lautet demnach, daß der
Grad der Verbundenheit mit dem ländlichen Raum in situativ-
bzw. regionalbedingter Weise durch das Zusammenspiel subjektiver Komponenten gesteuert wird. Dazu zählen a) das Maß der
Übereinstimmung der räumlichen Ausstattungsqualität mit den
persönlichen Bedürfnissen der Bewohner, b) ihre Wertschätzung der Umweltbedingungen, c) die Einbindung in den ländlichen Sozialzusammenhang sowie d) die Bedeutung traditioneller Werteorientierung. Unser Anliegen ist es, diese Komponenten in ein Beziehungsgefüge zu stellen und ihre Wirkungs-
weisen aufzuzeigen.

3.3.   Die empirischen Ergebnisse und ihre kausale Struktur

3.3.1. Datengrundlage

Erschwerend für die Erhebung erwies sich, daß die amtliche
Statistik keinen Datenrahmen zur Verfügung stellt, der die
Einstellung der Bevölkerung abbildet. Darüberhinaus hat die
weitgehende Zurückhaltung raumwissenschaftlicher Forschung
gegenüber tiefer liegenden Orientierungsstrukturen nicht zur
Ausbildung eines angemessenen Erhebungsinstrumentariums bei-
getragen. Auch umweltpsychologische Verfahren mit ihrer Zu-
wendung zur Mikroebene (BELL u.a. 1978; KAMINSKI 1976; PROS-
HANSKY u.a. 1976[2]; WICKER 1979) zeigten u. E. keine erfolg-
versprechenden neuen Wege für unser methodisches Suchen. So
waren wir darauf angewiesen, die vermuteten Einflußvariablen
auf dem herkömmlichen Weg über Interviews zu erheben. Dabei
sind wir uns der Unzulänglichkeit bewußt, mit der relativen
Unverbindlichkeit geäußerter Statements arbeiten zu müssen.

Nach den Informationen aus den Pretests und den hypotheti-
schen Vorüberlegungen (vgl. vorigen Abschn.) wurden die Kategorien

- 1. Sozialstatistische Merkmale
- 2. Werteorientierung
- 3. Bewertung der strukturellen Ausstattungsqualität
- 4. Bewertung der sozialen/landschaftl. Gegebenheiten
- 5. Standortverbundenheit

durch entsprechende Datensets erfaßt. Hierfür standen folgende Merkmale zur Verfügung:

zu 1: Alter, Geschlecht, Schulabschluß, Konfession, Tätig-
      keit, Wohnortstyp
zu 2: Einstufung der Wichtigkeit von: Dorfgemeinschaft, Hei-
      matverbundenheit, Brauchtum, Vereinsleben, Religiosi-
      tät (Frage 36)
zu 3: Einstufung der Zufriedenheit mit der Erwerbssitution
      (Frage 8) sowie der Infrastrukturausstattung (Fra-
      ge 16)
zu 4: Einstufung der Zufriedenheit mit den Umweltbedingungen
      (Frage 20) sowie den sozialen Beziehungen (Frage 41)
zu 5: Aussagen zu: Wohnstandortszufriedenheit (Fragen 4 und
      5), Abgelegenheit (Frage 17),persönliche Abwanderungs-
      disposition (Frage 24), Abwanderungsvoraussetzungen
      (Frage 25), Abwanderungswiderstände (Frage 26), Stand-
      ortempfehlung (Frage 27), Stadt-Land-Präferenzen (Fra-
      ge 39) sowie Interesse an Gemeinde (Frage 43).

3.3.2. Zum Dateninhalt

Der soziodemographische und raumstrukturelle Kontext der Daten wird im Beitrag von MAY in diesem Heft ausführlich dargestellt. So genügt es zunächst, nochmals die B e w e r -
t u n g der räumlichen Ausstattungsqualität in Erinnerung
zu rufen. Innerhalb der Fragenkomplexe 8, 16 und 20 konnten
die Interviewten 16 Einzelvorgaben zur Ausstattung ihrer Region mit Noten von 1 bis 5 kennzeichnen. Zustimmung erhalten

99

sowohl die Wohn- und Umweltsituation als auch - in abge-
schwächter Form - die Infrastrukturausstattung. Demgegenüber
erfahren die Erwerbsbedingungen eine negative Beurteilung; 2
von 5 Vorgaben wurden auf die letzten Positionen eingestuft.
Am schlechtesten schneiden sowohl in der Rhön als auch im
Vogelsberg das Lehrstellen- und Arbeitsplatzangebot ab (vgl.
auch WEICHBRODT 1977, S. 110 ff.).

Tab. 3: Einstufung der räumlichen Ausstattungsqualität nach
Mittelwerten ihrer Benotung (Fragen 8, 16, 20)

	Gesamt	Vogelsberg	Rhön
Gesunde Luft	1,69	1,61	1,78
Landschaft	1,77	1,73	1,82
Ruhe	1,92	1,86	1,98
Ortsbild	2,30	2,32	2,27
Baulandangebot	2,32	2,38	2,23
Ärztliche Versorgung	2,34	2,14	2,58
Mietpreise	2,44	2,40	2,49
Einkauf kurzfr. Bedarf	2,60	2,42	2,80
Betriebliche Sozialleistungen	3,15	3,20	3,08
Einkauf langfr. Bedarf	3,27	3,15	3,39
Freizeiteinrichtungen	3,28	3,13	3,44
Zeit für Arbeitsweg	3,57	3,49	3,63
Lohnniveau	3,63	3,78	3,56
Öffentl. Verkehrsverbindungen	3,80	3,84	3,74
Arbeitsplatzangebot	3,97	3,91	4,05
Lehrstellenangebot	4,19	4,07	4,38

Zu klären war ferner, in welchem Maße die Beurteilung der
räumlichen Umwelt von tradierten W e r t e o r i e n t i e -
r u n g e n beeinflußt wird.Die Einbeziehung solcher Orientierungsstrukturen geht über den bisher bei der Erforschung
sozialer Indikatoren erfaßten Grad der Zufriedenheit mit objektiven Rahmenbedingungen hinaus.Obwohl das empirisch gesi-
cherte Wissen beispielsweise über Werte und Wertekonsistenz
noch gering ist (vgl. MEYER 1976, S. 301 ff.; STACHOWIAK u.
a. 1982), wird allgemein deren Einfluß auf das Zustandekommen von Einstellungen gegenüber realen Objekten postuliert.

Mit Frage 36 wird die Bedeutung traditioneller und standortbezogener Werte für den einzelnen angesprochen. Ihr Rang
konnte anhand einer dreistufigen Skala bestimmt werden. Auffallend ist der durchweg hohe Stellenwert. Überdurchschnitt-
liche Bedeutung messen die Rhönbewohner der Dorfgemeinschaft, Heimatverbundenheit und Religiosität zu, die Vogelsberger dem Brauchtum und dem Vereinsleben (vgl. auch Abschn.
3.4.3. im Beitrag von MAY).

Tab. 4: Regionales Werteprofil (sehr wichtig - Nennungen)
ausgewählter Befragtengruppen in % (Frage 36)

	bis unter 21 Jahre		Katholiken		Protestanten		Gesamt	
	V	R	V	R	V	R	V	R
Dorfge-meinschaft	57,1	80,8	40,0	80,3	74,9	61,1	66,8	75,5
Heimatver-bundenheit	60,0	62,0	56,8	73,5	73,6	62,3	68,7	70,9
Vereins-leben	73,2	65,4	66,7	65,1	64,0	48,1	63,4	60,6
Religiosi-tät	26,8	35,3	60,0	60,9	46,9	46,2	48,3	56,8
Brauchtum	41,1	26,9	62,2	58,3	62,6	44,4	62,1	55,1

Die Vermutung, Einfluß auf den Grad der Werteorientierung
hätten vor allem das Alter und die Konfessionszugehörigkeit,
bestätigt sich nach der Auswertung der vorliegenden Kreuzta-
bellen.Generell besitzt sie bei den Jugendlichen ohne regionalen Unterschied einen geringeren Stellenwert. Eine Ausnahme bildet dabei das Vereinsleben, in der Rhön auch die Dorfgemeinschaft. Hinsichtlich der Konfessionszugehörigkeit werden Dorfgemeinschaft, Heimatverbundenheit sowie Brauchtum
jeweils von denjenigen überdurchschnittlich geachtet, die in
ihrer Region die Mehrheit bilden. Dies sind in der Rhön die
Katholiken, im Vogelsberg die Protestanten. Dagegen haben
die religiösen Bindungen sowie das Vereinsleben generell bei
den Katholiken einen höheren Stellenwert.

Die räumliche V e r b u n d e n h e i t schließlich ist
nicht allein beschreibbar durch den Zufriedenheitsgrad mit
spezifischen Eigenschaften der Raumausstattung bzw. durch
die Messung der Mobilitätsquote.Vielmehr erlangt die Lebensumwelt eine einzigartige Stellung, weit über quantifizier-
bare Eigenschaften hinaus. Das Zuhause ist Objekt positiver
Gefühle, zu denen der Wunsch nach Einmaligkeit, Überschau-
barkeit, Geborgenheit im Sinne räumlicher Identität hinzu-
kommt (HEIMAT HEUTE 1984; BARTELS 1981, S. 9 f.).

Ausdruck und Symptom für diese Verwurzelung ist beispielsweise, daß ca. 93 % aller Befragten konkrete Vorzüge ihres
Wohnortes (Frage 5), dagegen nur 75 % Nachteile (Frage 6)
nennen konnten. Etwa ein Drittel bekunden ein starkes, 58 %
ein vorhandenes und nur 10 % ein fehlendes Interesse an den
Vorgängen in ihrer Gemeinde (Frage 43).

Die Diskussion, inwieweit sich ein Gefühl der räumlichen
Randstellung (Frage 17) bei den Bewohnern des ländlichen
Raumes manifestiert, kann eindeutig beantwortet werden, denn
der überwiegende Teil (ca. 71 %) verneint dies in beiden Gebieten. Davon begründen ca. 40 % ihre Einstellung damit, daß
sie die Lage ihrer Region nicht als peripher empfinden. Die
übrigen führen an, daß der hohe Motorisierungsgrad und die
positiven Gesichtspunkte des Abstands zu den Verdichtungsräumen bei ihnen kein Gefühl der Abgelegenheit aufkommen
lassen.

Ein weiterer Maßstab ergibt sich aus den Äußerungen zur persönlichen Abwanderung (Frage 24). Sie wird in beiden Regionen von über 70 % nicht erwogen. Von den Restlichen würde
der größte Teil im ländlichen Raum verbleiben, wenn nicht
berufliche Notwendigkeit - ca. 3/4 - oder private Gründe
- ca. 1/4 - als denkbare Wegzugsvoraussetzungen zu einer
erzwungenen Mobilität führen (Frage 25). Am meisten vermis-
sen würden sie die persönlichen Beziehungen und die landschaftliche Umgebung (Frage 26). Der Rat an junge Menschen,
im ländlichen Raum zu bleiben (Frage 27), wird als Entschei-
dungshilfe im Vogelsberg (47 %) nachdrücklicher vertreten

als in der Rhön (36 %). Bemerkenswert ist, daß vor allem
die Jugendlichen für einen Verbleib plädieren, während dies
in den höheren Altersgruppen nur in geringerem Ausmaß ge-
schieht. Von denjenigen, die sich in der Schul- bzw. Berufs-
ausbildung befinden, wollen später nur 4 % bzw. 7 % den
ländlichen Raum freiwillig verlassen. 42 % in der Rhön und
51 % im Vogelsberg glauben allerdings, diesen Schritt nicht
umgehen zu können. Im Stadt-Land-Vergleich (Frage 39) gaben
sogar über 95 % der Befragten beider Regionen dem ländlichen
Raum den Vorzug.

Diese durchgängig starke Verwurzelung mit der eigenen Lebensumwelt läßt sich auch aus der folgenden Tabelle ablesen.
Hier wird der Verbundenheitsindex durch Addition von Abwan-
derungsdisposition und Abgelegenheitsgefühl (negative Ausprägung) sowie Interesse an Vorgängen in der Gemeinde (positive Ausprägung) gebildet. Eine Zunahme des Indexwertes
drückt dabei einen höheren Grad an Verbundenheit aus.

Tab. 5: Grad der Verbundenheit mit der Region
        (in Prozent der Befragten)

Index	Vogelsberg	Rhön	Gesamt
0	12,3	9,1	10,8
1	23,8	25,0	24,4
2	47,7	48,1	47,9
3	16,2	17,8	16,9
	N = 235	N = 208	N = 443

3.3.3. Das Beziehungsgefüge

Im Sinne eines analytischen Wissenschaftsverständnisses ist
anzustreben, raumrelevante Strukturen und Prozesse sowie deren vorgeschaltete Entstehungsbedingungen nicht nur zu beschreiben und zu klassifizieren, sondern auch zu versuchen,
diese zu erklären. Diese Erklärung meint, Ursache-Wirkungs-
Zusammenhänge zu formulieren und sie empirisch zu belegen.

Die Überprüfung des Systems von Behauptungen über komplexe Wirkungszusammenhänge (wie sie in Abschn. 3.2. vorgestellt wurden) erfolgt durch die Pfadanalyse.

Dieses multivariate Verfahren zur Testung postulierter Hypothesen durch Analyse der Struktur und Richtung von Wirkungszusammenhängen hat nach seiner Verbreitung in den Sozialwissenschaften inzwischen auch in die Geographie Eingang gefunden (z. B. KEMPER 1978; LEITNER u. WOHLSCHLÄGL 1980 sowie O'LOUGHLIN u. GLEBE 1981). Deshalb kann hier auf die Diskussion der methodischen Voraussetzungen verzichtet werden. Es erscheint uns jedoch sinnvoll, beim gegenwärtigen methodischen Stand der pfadanalytischen Diskussion die Voraussetzung ins Gedächtnis zu rufen, "daß in der sozialwissenschaftlichen Analyse Kausalität im allgemeinen nicht im Sinne einer deterministischen Implikation verstanden wird, sondern als indeterministischer Ursache-Wirkungs-Zusammenhang, der innerhalb einer größeren Varianzbreite liegt und über den Aussagen statistisch-probabilistischer Art gemacht werden können" (LEITNER u. WOHLSCHLÄGL 1980, S. 82). Der Gesamterklärungswert derartiger Verfahren ist demnach notwendigerweise begrenzt. Ebenso vermag die Pfadanalyse nicht automatisch eine Kausalstruktur aus einem Datensatz aufzudecken. Sie sagt nur etwas über Stärke und Richtung des statistischen Zusammenhangs von Variablen aus. Nur wenn eine logisch begründbare Kausalbeziehung mit signifikanten statistischen Bezügen zusammenfällt, kann der "Sprung" zur kausalen Interpretation erfolgen.

Ausgehend von der formulierten Grundhypothese, wonach die Werteorientierung eine wesentliche Komponente für die Verbundenheit der ländlichen Bevölkerung mit ihrem Raum darstellt, soll nun die kausale Hierarchie der intervenierenden strukturellen und immateriellen Faktoren statistisch überprüft werden. Hierfür wurde folgender Zusammenhang postuliert: Der Grad der Bindung ist davon abhängig, wie die Betroffenen ihre Standortgegebenheiten - in unserem Fall die Versorgungs- und Arbeitsmarktsituation bzw. die sozialen und ökologischen Bedingungen - einschätzen. Diese wiederum werden in ihrer Wirkung durch die Werteorientierung in Abhängigkeit von der jeweiligen Lebenslage (sozialstatistische Zugehörigkeit) gesteuert. Die bereits in zahlreichen Untersuchungen als Bindungswerte belegten Komponenten wie Grund- und Eigenheimbesitz oder Nebenerwerbsmöglichkeit klammerten wir unter der Maßgabe ihrer besonderen Wirkung aus. Die daraus resultierende Entwicklung eines Partialmodells entspricht damit den Kriterien unserer Fragestellung.

Die Überprüfung der kausalen Effekte des postulierten Beziehungsgefüges erfolgte mittels der wiederholt angewandten Regressionsanalyse (vgl. HOLM 1977).Nach Testung der definierten Variablenblöcke kann die nähere Beschreibung unserer Hypothese im folgenden Pfaddiagramm dargestellt werden.

Lebenslage ⟶ Einstellung ⟶ Bewertung der Standortqualität ⟶ Verhaltensdisposition

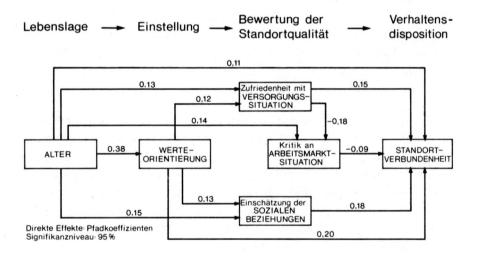

Abb. 7: Pfaddiagramm der Befragten der Untersuchungsgebiete

1) Die Merkmalsausprägungen der Var. Standortverbundenheit, Versorgungssitution, Arbeitsmarktsituation und Werteorientierung sind multidimensionale Indizes auf einer Intervallskala (Anzahl der Nennungen in der jeweiligen Kategorie: von 0 bis 3).

2) Die Variable Einschätzung der sozialen Beziehungen hat die Ausprägungen 0 bis 2 (0 = keine, 1 = mittlere, 2 = hohe Wertigkeit).

3) Die Strukturvariable Alter setzt sich aus gruppierten Daten zusammen (1 = bis unter 21 Jahre, 2 = 21 bis unter 45 Jahre, 3 = 45 Jahre und älter).

Grundsätzlich bestätigten sich die postulierten Kausalzusam-
menhänge. Sie lassen sich wie folgt beschreiben: Die Intensität der Standortverbundenheit wird sowohl von der Gruppenzugehörigkeit der Befragten als auch von ihrer traditionellen Werteorientierung und ihrem Bewertungsverhalten bestimmt. Lediglich der vermutete Einfluß der in den Interviews durchgängig betonten Umweltqualität ergab nicht die
erwartete Signifikanz in Bezug auf die Standortverbundenheit
(vgl. hierzu AGRARSOZIALE GESELLSCHAFT 1979, S. 41).

Die errechneten Pfadkoeffizienten verdeutlichen die unterschiedliche Gewichtung der einzelnen Faktoren. Das bedeutet
am Beispiel des stärksten positiven Effekts (Werteorientierung - Standortverbundenheit), daß mit einem höheren Bedeu-
tungsgehalt von traditionellen Werten die standortbezogene
Verwurzelung zunimmt. Während dies auch für die Einschätzung
der sozialen Beziehungen und die Bewertung der Versorgungs-
ausstattung gilt, bewirkt die negative Beurteilung der Arbeitsmarktsituation einen destabilisierenden Effekt auf die
Standortverbundenheit, wenn auch mit geringerer Gewichtung.

Für die Beschreibung der Lebenslage hat sich die Strukturvariable Alter als stabilster Effekt herauskristallisiert.
Sie ist durch direkte Einflüsse auf alle endogenen Variablen
gekennzeichnet. Mit zunehmendem Alter steigt der Grad der
Werteorientierung und verstärkt sich die Bindung an den
Standort. Dies gilt auch für die wachsende Zufriedenheit mit
der Versorgungssituation und den sozialen Beziehungen. Dagegen können wir bei der Beurteilung der Arbeitsmarktsituation von einem gegenläufigen Trend sprechen; hier bewerten
die älteren Befragten den Arbeitsmarkt kritischer als die
jüngeren.

Während vom Alter ein direkter Pfad zur Standortverbundenheit führt, wird zusätzlich über die Werteorientierung und
die Bewertung der Standortqualität ein vermittelter Zusammenhang aufgezeigt. Hier ergibt sich für die Achse Alter -
Werteorientierung - Standortverbundenheit die stärkste Gewichtung im Modell. Aber auch die Beurteilung der Versor-

gungssituation und der sozialen Beziehungen werden von traditionellen Werten und dem Eingebundensein in den dörflichen Kontext bestimmt. Für das Gesamtmodell bedeutet dies, daß die stark altersabhängige Werteorientierung mit einem höheren Gewicht den Grad der Standortverbundenheit beeinflußt, als die negative Beurteilung einzelner Lebensbereiche.

Regionale Unterschiede zeichnen sich bereits bei erster Betrachtung beider Modelle Vogelsberg - Rhön ab.

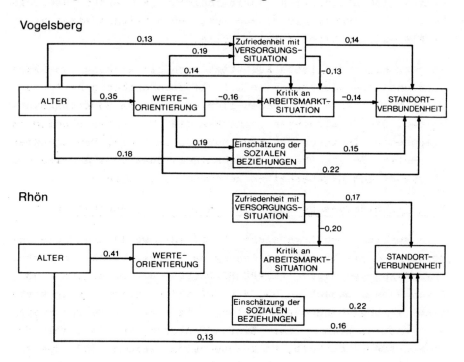

Abb. 8: Pfaddiagramme getrennt nach Untersuchungsgebieten

Im Vogelsberg zeigt sich, abgesehen von Änderungen einzelner Koeffizienten, ein Beziehungsgefüge, das mit dem des Gesamtmodells weitgehend vergleichbar ist. Jedoch findet bei der Bewertung der Standortqualität eine durchweg höhere Beeinflussung durch die Werteorientierung statt. Dagegen verstärkt sich der destabilisierende Effekt auf die Standortverbundenheit durch die kritischere Beurteilung der Arbeitsmarktsituation.

In der Rhön hingegen zeigt sich das Pfaddiagramm nur noch als Gerüst. Ganze Verbindungsstränge sind unterbrochen, bzw. nicht mehr auf dem 95%igen Niveau signifikant. Es bleibt nur die Kette Alter - Werteorientierung - Standortverbunden- heit erhalten, während die anderen Bestandteile weitgehend unzusammenhängend im Modell verbleiben. Konkret bedeutet dies, daß die Standortverbundenheit direkt vom Alter und den Bewertungsvariablen Versorgungssituation und soziale Bezie- hungen beeinflußt wird sowie indirekt vom Alter über die Werteorientierung. Die Beurteilung der Arbeitsmarktsituation spielt dagegen hierfür keine Rolle.

Im regionalen Vergleich bestätigt sich die Wirkung der Wer- teorientierung der Bewohner auf die standortbezogene Verbun- denheit. Differenzen ergeben sich hingegen im Bewertungsver- halten. Die Vogelsberger beziehen die konkreten räumlichen Komponenten in ihren Urteilsfindungsprozeß ein. Demgegenüber erscheint für die Rhön eine mehr individuelle Sichtweise der strukturellen Gegebenheiten kennzeichnend zu sein.

3.4. Zusammenfassung und weiterführende Interpretation

Die vorliegenden Ergebnisse bestätigen weitgehend die be- reits bei der Veröffentlichung der Vorerhebung vermuteten Zusammenhänge (vgl. ALTKRÜGER-ROLLER u. FRIEDRICH 1982, S. 60 - 64). Danach weisen die Befragten beider Teilgebiete eine weitreichende Verwurzelung mit ihrem Lebensraum auf. Wir untersuchten deren Einflußfaktoren am Beispiel der Standortverbundenheit. Es konnte belegt werden, daß die Be- wertung der räumlichen Umwelt sich nicht allein durch die Auseinandersetzung der Bewohner mit den Standortgegebenhei- ten erklären läßt. Tradierte Werteorientierungen kommen als wesentliche Einflußgrößen hinzu. Sie tragen dazu bei, daß restriktive Rahmenbedingungen der Erwerbs-und Infrastruktur- ausstattung aus der Sicht der Bevölkerung durch wohnumfeld- bedingte Vorteile und intakte soziale Beziehungen weitgehend ausgeglichen werden.Dabei zeigt sich im regionalen Vergleich, daß die Bewertung raumprägender Ausstattungsmerkmale mit un- terschiedlichem Gewicht wirksam wird. In der peripheren Rhön besitzen traditionelle Werteorientierungen eine größere Sta- bilität als im verdichtungsraumnahen Vogelsberg.

Aus dieser "ländlichen" Sichtweise von Lebensqualität soll eine Ableitung auf regionale Bewertungsmuster versucht werden. Dies sehen wir als einen Beitrag an, der b l a c k b o x in der Wahrnehmungsgeographie einen Erklärungsansatz gegenüberzustellen (vgl. Abschn. 3.2.).

Wenn der von DÜRR (1979) benannte Mesobereich Maßstab geographischer Forschungsinteressen ist, wird nicht die individuelle, psychologische, voluntaristische Disposition bedeutsam, sondern das Eingebundensein in den jeweiligen sozioökonomischen und raumbezogenen Kontext. Hierfür hat die sozialwissenschaftliche Forschung Erklärungsansätze geliefert, die indes unseres Wissens bisher keine entsprechende raumwissenschaftliche Adaption gefunden haben.

Zur Überprüfung dieser These bieten sich Elemente des in der Soziologie seit langem zur Analyse von politischem Bewußtsein herangezogenen Konstrukts "Gesellschaftsbild" als möglicher Erklärungsansatz an.Dabei geht die Soziologie - übrigens ähnlich wie die Geographie - davon aus, daß der einzelne seine Umwelt (gemeint ist dort die soziale Umwelt) nicht in ihrer Wirklichkeit reflektiert, sondern sich ein subjektives Bild von ihr macht (DREITZEL 1962). Erklärt wird diese Diskrepanz zwischen Realität und Wahrnehmung mit den unzureichenden Möglichkeiten des Individuums, die Komplexität des gesellschaftlichen Seins aus seinem eigenen unmittelbaren Erlebnisbereich hinreichend zu erklären. Es sieht sich genötigt, "bildhafte Vorstellungen von den Wirkungszusammenhängen zu entwerfen" (HERKOMMER 1969, S. 209). Mit Hilfe seines Bildes von der Gesellschaft ist es ihm möglich, diese zu strukturieren und sich in ihr zu orientieren.Dies wiederum wird als ein wesentliches menschliches Grundbedürfnis angesehen. Gruppenspezifische Gesellschaftsbilder (z.B. von Arbeitern, Angestellten) und ihre Beständigkeit haben demnach die Funktion, dem einzelnen die soziale Orientierung zu erleichtern, indem sie sinnfällig machen, was oft nicht unmittelbar erfahrbar ist (HABERMAS u. a. 1961; POPITZ u. a. 1957). Damit geben sie normative Hinweise für soziales Verhalten, dienen als Bezugssysteme, Orientierungshilfen und Interpretationsschlüssel.

Übertragen auf die hier behandelte Fragestellung der Wahrnehmung und Bewertung räumlicher Ausstattungsmerkmale werden von den Bewohnern ländlicher Regionen R a u m b i l d e r benötigt, um ihre Verhaltensdisposition (z. B. Standortbindung) zu legitimieren. Sie beruhen nach unseren Ergebnissen auch auf der Existenz regional geprägter Werteorientierungen. Informationen, die zur Störung dieser Grundeinstellungen beitragen können, werden in den Hintergrund gestellt. So erhält beispielsweise ihr gegenüber den Verdichtungsräumen reduziertes Möglichkeitenspektrum einen geringeren Stellenwert als intakte soziale Beziehungen oder die traditionelle Verbundenheit mit der heimischen Umgebung. "Rationale" Argumente wie Hausbesitz und landschaftliche Vorzüge liefern ihnen die Begründung, weshalb sie trotz vermeintlicher Rückständigkeit des ländlichen Raumes dort ihren Wohnstandort beibehalten.

Diese Unterschiedlichkeit zwischen Struktureigenschaften und Bedeutungseigenschaften beeinflußt das raumwirksame Verhalten in ländlich-peripheren Gebieten. Es wird demnach nicht nur durch eine Reaktion auf die reale Situation bestimmt, sondern auch durch Orientierung an dem Bild, das man sich von dieser Raumsituation macht. Dabei spielt - wie beim Gesellschaftsbild - die gemeinsame Interessenlage (hier als Benachteiligte einer disparaten Raumentwicklung) eine Rolle, aber auch die Option auf Orientierungshilfe und Verhaltenssicherheit. Der Zwang, die konkreten räumlichen Bedingungen zu organisieren, führt zu Raumbildern, die keine objektiven Analysen der räumlichen Situation sind; da sie aber u. E. die raumwirksamen Bedürfnisse und Aktivitäten der Bewohner beeinflussen, das gebietsbezogene Selbstbewußtsein stärken und zu einer Akzeptanz der regionalen Lebensumwelt beitragen, werden sie selbst zu Faktoren von raumrelevanter Größe.

4. Schlußfolgerungen für ein regionsorientiertes Raumordnungskonzept

Die Identifikation der Bewohner mit ihrer Lebensumwelt - ein für den städtischen Bereich weitgehend beklagtes Defizit - kristallisierte sich im Verlauf unserer Arbeit zunehmend als Kennzeichen für den ländlichen Raum heraus. In der vorliegenden Studie wurde versucht, diese für eine bisher nicht erprobte Regionsabgrenzung nutzbar zu machen. Es gelang, sie in ihrer Reichweite und Intensität zu erfassen und in Form von mental maps darzustellen. Darüberhinaus wurden konstitutive Bestandteile standortbezogener Bewertungsprozesse ermittelt und im Rahmen einer Kausalanalyse auf ihren Wirkungsgrad hin modellhaft überprüft.

Die vorgestellten differenzierten Ergebnisse - die je nach Gruppenzugehörigkeit unterschiedliche Abgrenzung von Region "in den Köpfen" der Betroffenen, wie auch der regional unterschiedliche Einfluß der Wertemuster auf die Standortverbundenheit - sprechen für die Notwendigkeit einer dezentralisierten Raumordnungskonzeption. Wesentlich erscheint uns in diesem Zusammenhang, daß neben allgemeinen Forderungen an die Regionalpolitik, wie z. B. die Bereitstellung und Sicherung von Arbeitsplätzen, solche Ansprüche formuliert werden, die deutlich gruppen- bzw. regionsgebunden sind. Aus dieser Vielschichtigkeit leiten wir die Notwendigkeit ab, sich künftig in verstärktem Maße mit den Bedürfnisstrukturen der Bewohner ländlich-peripherer Teilräume zu befassen.

Die relative Zurückhaltung der Befragten bei der Formulierung eigener, über die bestehende Ausstattung hinausgehender Ansprüche sollte demnach nicht zu der Schlußfolgerung verleiten, daß im ländlichen Raum künftig nur noch ein reduzierter Bedarf an raumordnerischen Maßnahmen und Verbesserungen besteht. Der hohe Stellenwert von traditionellen Werteorientierungen sowie die starke Verbundenheit mit der regionalen Lebensumwelt überlagern teilweise endogene Bedürfnisstrukturen und verhindern deren deutliche Artikulation. Im Sinne einer ernst gemeinten Berücksichtigung der Interessen der Planungsbetroffenen müssen deshalb diese regionsgebundenen Bedürfnisse künftig durch verfeinertere Instrumentarien ermittelt werden. Neben Befragungen ist beispielsweise ein stärkerer Einsatz der teilnehmenden Beobachtung oder eine stärkere Beteiligung der Betroffenen bereits bei der planerischen Entscheidungsvorbereitung zu erwägen.

Wir sind uns allerdings bewußt, daß es noch vielfältiger wissenschaftlicher, organisatorischer und raumordnerischer Bemühungen bedarf, um regionsorientierte Planungskonzeptionen in der Realität zu verankern.

A N H A N G

Summary, Literaturverzeichnis,
Fragebogen, Tabellen, Sonstiges

Summary: Contributions to a concept of regionally oriented
area planning

The contributions in this issue present the results of a re-
search project which was aimed to further develop the concept of regionally oriented area planning. The analysis con-
centrated on the self-evaluation of living conditions in rural areas by their inhabitants. The results were to be used
as the basis of a judgement how far the hitherto universally
applied principles concerning problem areas should consider
specific regional needs. Supposition for such an evaluation
is to prove the relevance of regional differences, to sub-
stantiate the need for such a distinction and to causally
evaluate the conditions.
The field studies took place during the years 1981 to 1983
in the rural hill countries Vogelsberg and Rhön in the east
of Hessen. A total of 443 interviews were made. Unexpectedly
it was found out, that the inhabitants were in general sa-
tisfied with their living conditions, although the employ-
ment situation was - without regional difference - main
source of displeasure. Characteristically the inhabitants
felt a strong bond with their region. But it should be re-
marked that the pressure of migration still exists in the
younger generation, mainly due to occupational reasons.
As regards regionally oriented planning concepts, three cen-
tral arguments will be presented:
1. There exists a regional identification on a level with
   planning-relevance.Next to economical factors, it is this
   close relationship to spatial conditions which determines
   attitude and actions of the inhabitants.
2. The respective effects of life situation, judgement pat-
   terns and value-orientation on the dispositional attitude
   and behaviour of the inhabitants differs from region to
   region.
3. The instrument of mental maps allows a spatial differen-
   tiation between regions characterized by an internal
   identification of regional population.
In general, this contributions stresses the necessity to im-
plement in the future decentralized planning activities,
based on regionally differentiated inquiries.

Literaturverzeichnis

AGRARSOZIALE GESELLSCHAFT: Agrarstrukturelle Vorplanung und Landschaftsplan für den Nahbereich Hünfeld Bd. I. Göttingen 1970.

AGRARSOZIALE GESELLSCHAFT: Das Leben auf dem Lande in den Augen von Jugendlichen. = Materialsammlung der ASG 5. Göttingen 1976. S. 39-78.

AGRARSOZIALE GESELLSCHAFT: Leben in kleinen ländlichen Orten. Untersuchungen zu Komponenten der Attraktivität aus der Sicht von Bewohnern. = Materialsammlung der ASG 140. Göttingen 1979.

AGRARSOZIALE GESELLSCHAFT: Strategien zur Entwicklung peripherer ländlicher Räume. = Materialsammlung der ASG 144. Göttingen 1980.

AGRARSTRUKTURELLE VORPLANUNG UND LANDSCHAFTSRAHMENPLANUNG HESSISCHE RHÖN 1970/71. 2. Stufe. Bad Homburg o.J.

AKTIONSRÄUMLICHE FORSCHUNG. Ergebnisse und Planungsrelevanz. = Arbeitsmaterial der ARL Bd. 45. Hannover 1980.

ALBRECHT, G.: Soziologie der geographischen Mobilität. Zugleich ein Beitrag zur Soziologie des sozialen Wandels. Stuttgart 1972.

ALTKRÜGER-ROLLER, H. und K. FRIEDRICH: Regionale Identität und Bewertung in ländlich-peripheren Gebieten. In: Beiträge zur Geographie des ländlichen Raumes. Darmstädter Geographische Studien 3/1982. S.17-67.

ANDERSECK, K.: Innerfamiliäre Wanderungsentscheidungen. = Schriftenreihe der Gesellschaft für Regionale Strukturentwicklung Beiband 2a. Bonn 1973.

ANDERSECK, K.: Regionale Mobilität. In: Die deutsche Berufs- und Fachschule Bd. 70. H. 11/1974. S. 829-839.

BARTELS, D.: Die Abgrenzung von Planungsregionen in der Bundesrepublik Deutschland - eine Operationalisierungsaufgabe. In: Forschungs- und Sitzungsberichte der ARL Bd. 94/1975. S. 93-115.

BARTELS, D.: Menschliche Territorialität und Aufgabe der Heimatkunde. In: Heimatbewußtsein - Erfahrungen und Gedanken. Beiträge zur Theoriebildung. Festschrift W. Schmidt. Husum 1981. S. 7-13.

BATTELLE-INSTITUT: Untersuchung der Abwanderungsmotivation im hessischen Zonenrandgebiet und Erörterung von Vorschlägen zur Verhinderung der Abwanderung. Frankfurt/M. 1969.

BEECK, K.-H.: Heimat. Friedrich Wilhelm Dörpfelds Verständnis des Begriffs. In: Wuppertaler Geographische Studien 2/1981. S. 43-64.

BELL, P. A. u.a.: Environmental Psychology. Philadelphia, London, Toronto 1978.

BIRG, H.: Analyse und Prognose der Bevölkerungsentwicklung in der Bundesrepublik Deutschland und in ihren Regionen bis 1990. = DIW Beiträge zur Strukturforschung 35. Berlin 1975.

BÖLTKEN, F.: Subjektive Informationen für die Laufende Raumbeobachtung. In: Informationen zur Raumentwicklung 12/1983. S. 1107-1135.

BOSSUNG, M.: Das Lebensniveau bäuerlicher Familien in den drei landwirtschaftlichen Produktionsstandorten der Rhön. = AVA - Arbeitsgemeinschaft zur Verbesserung der Agrarstruktur in Hessen Sonderheft 51. Wiesbaden 1974.

BOUSTEDT, O.: Grundriß der empirischen Regionalforschung Teil I: Raumstrukturen,Teil II: Bevölkerungsstrukturen. Hannover 1975.

BOUSTEDT, O.: Grundaspekte der räumlichen Bevölkerungsverteilung. In: Forschungs- und Sitzungsberichte der ARL Bd. 58. Hannover 1970. S. 9-22.

BROCKHAUS, W.: Heimat. Kritische Bemerkungen zum Phänomen "Heimat". In: Wuppertaler Geographische Studien 2/1981. S. 35-41.

CHANCEN DES SOZIALEN AUFSTIEGS IN DEN TEILRÄUMEN DER BUNDESREPUBLIK DEUTSCHLAND. = Schriftenreihe des Bundesministers für Raumordnung, Bauwesen und Städtebau 06.045. Bonn 1980.

DAS ENDE DES ALTEN DORFES? Hrsg. Landeszentrale für Politische Bildung Baden-Württemberg = Der Bürger im Staat 1. Stuttgart 1980.

DOBBERKAU, E.: Abwanderung der Bevölkerung im ländlichen Raum. = Hohenheimer Arbeiten 109. Stuttgart 1980.

DOWNS, R.M.: Geographic space perception. Past approaches and future prospects. In: Progress in Geography 2/1970. S. 65-108.

DOWNS, R.M. und D. STEA (Hrsg.): Image and environment. Cognitive mapping and spatial behavior. Chicago 1973.

DOWNS, R.M. und D. STEA: Kognitive Karten: Die Welt in unseren Köpfen. New York 1982.

DREITZEL, H.P.: Selbstbild und Gesellschaftsbild. Wissenschaftssoziologische Überlegungen zum Image-Begriff. In: Europäisches Archiv für Soziologie 3/1962. S. 181-228.

DÜRR, H.: Planungsbezogene Aktionsraumforschung.Theoretische Aspekte und eine empirische Pilotstudie. = Beiträge der ARL Bd. 34. Hannover 1979.

ECKEY, H.-F.: Grundlagen der regionalen Strukturpolitik.Eine problemorientierte Einführung. Köln 1978.

ELLWEIN, TH.: Innovation und Innovationsbedingungen in kleinen und mittleren Betrieben des ländlichen Raumes. In: Informationen zur Raumentwicklung 7/8/1980. S. 385-390.

ENDOGENE ENTWICKLUNGSSTRATEGIEN. = Informationen zur Raumentwicklung 1/2/1984.

ENGELEN-KEFER, U. und P. KLEMMER: Abgrenzung regionaler Aktionsräume der Arbeitskräftepolitik. = Kommission für wirtschaftlichen und sozialen Wandel 78. Göttingen 1976.

ESTERBAUER,F.: Regionalismus - ideologische Wurzel,Begriffsfeld, Funktionen. In: Informationen zur Raumentwicklung 5/1980. S. 255-262.

EWERS, H.-J. u.a.: Innovationsorientierte Regionalpolitik. = Schriftenreihe Raumordnung des Bundesministeriums für Raumordnung,Bauwesen und Städtebau 06.042. Bonn 1980.

EWERS, H.-J. und R.W. WETTMANN: Innovationsrückstände und regionale Innovationspolitik im ländlichen Raum. In: Informationen zur Raumentwicklung 7/8/1980. S. 391-397.

FEUSSNER, H. und P. SCHULZE VON HANXLEDEN: Gezielter Infrastrukturausbau in peripheren ländlichen Räumen weiterhin erforderlich.In: Informationen zur Raumentwicklung 1/1979. S. 31-39.

FRIEDRICH, K.: Funktionseignung und räumliche Bewertung neuer Wohnquartiere. Untersucht am Beispiel der Darmstädter Neubaugebiete Eberstadt-NW und Neu-Kranichstein. = Darmstädter Geographische Studien 1/1978.

FRIEDRICHS, J.: Stadtanalyse. Soziale und räumliche Organisation der Gesellschaft. Reinbek 1977.

FUCHS, F.: Die Rhön - Wandlungen der Kulturlandschaft eines Mittelgebirgsraumes. In: Marburger Geographische Schriften 60/1973. S. 305-325.

FÜR DAS DORF. Gestaltung des ländlichen Lebensraumes durch Dorfentwicklung.Hrsg. Institut für Kommunalwissenschaften der Konrad Adenauer Stiftung. Köln,Stuttgart 1983.

GANS, P.: Raumzeitliche Eigenschaften und Verflechtungen innerstädtischer Wanderungen in Ludwigshafen/Rhein zwischen 1971 und 1978. = Kieler Geographische Schriften 59/1983.

GANSER, K.: Der Beitrag der Hochschulen zur Innovationsförderung im ländlichen Raum. In: Informationen zur Raumentwicklung 7/8/1980. S. 405-408.

GATZWEILER, H.-P.: Zur Selektivität interregionaler Wanderungen. = Forschungen zur Raumentwicklung Bd. 1. Bonn 1975.

GATZWEILER, H.-P.: Der ländliche Raum - Benachteiligt für alle Zeiten? In: Geographische Rundschau 1/1979. S. 10-16.

GATZWEILER, H.-P.: Regionale Disparitäten im Bundesgebiet - ein Dauerzustand? In: Geographische Rundschau 1/1982. S. 3-12.

GATZWEILER, H.-P. und H. MEUTER: Kleinräumige Raumbeobachtung - Informationen für Wohnungs- und Städtebaupolitik. In: Informationen zur Raumentwicklung 12/1983. S. 1079-1105.

GEIPEL, R.: Friaul. Sozialgeographische Aspekte einer Erdbenkatastrophe. = Münchener Geographische Hefte 40/1977.

GESELLSCHAFT FÜR REGIONALE STRUKTURENTWICKLUNG: Standortentscheidung und Wohnortwahl. Folgerungen für die regionalpolitische Praxis aus zwei empirischen Untersuchungen. Bonn 1974.

GESELLSCHAFTLICHE DATEN 1982. Bundesrepublik Deutschland. Hrsg. Presse- und Informationsamt der Bundesregierung. Bonn 1982.

GOULD, P. und R. WHITE: Mental Maps. Harmondsworth, Middlesex 1974.

GÜNTHER, W.: Untersuchungen der sozialökonomischen und sozialkulturellen Leistungsfähigkeit industrienaher und industrieferner landwirtschaftlicher Standorte, dargestellt an den Beispielen Vogelsberg und Westhessische Senke.= Gießener Schriften zur Wirtschafts- und Regionalsoziologie 2/1975.

GUINDANI, S. und M. BASSAND: Regionale Identität und Entwicklungsmentalität. In: Informationen zur Raumentwicklung 6/7/1982. S. 485-493.

HABERMAS, J. u.a.: Student und Politik. Neuwied 1961.

HAGGETT, P.: Einführung in die kultur- und sozialgeographische Regionalanalyse. Berlin, New York 1973.

HANDBUCH DER NATURRÄUMLICHEN GLIEDERUNG Bd. I. Bad Godesberg 1953-1962.

HARD,G.: Die Geographie. Eine wissenschaftstheoretische Einführung. Berlin, New York 1973.

HARD,G.: Einige Bemerkungen zum Perzeptionsansatz anhand einer Studie über Umweltqualität im Münchener Norden. In: Geographische Zeitschrift 2/1983. S. 106-110.

HEIMAT HEUTE. Textsammlung. Hrsg. Deutsches Institut für Fernstudien. Tübingen 1980.

HEIMAT HEUTE. Hrsg. Landeszentrale für Politische Bildung Baden-Württemberg. Stuttgart, Berlin, Köln, Mainz 1984.

HENKEL, G. u.a.: Probleme und Potentiale peripherer Siedlungen. Das Beispiel Elsoff/Nordrhein-Westfalen. In: Essener Geographische Arbeiten 1/1982. S. 163-207.

HERKOMMER, S.: Gesellschaftsbild und politisches Bewußtsein. In: Das Argument 50/1969. S. 208-222.

HERR, N.: Fulda und Osthessen. = Frankfurter Wirtschafts- und Sozialgeographische Schriften 23/1976.

HESSISCHE GEMEINDESTATISTIK. Wiesbaden 1960/61; 1970.

HEUWINKEL, D.: Aktionsräumliche Analysen und Bewertung von Wohngebieten. = Beiträge zur Stadtforschung 5. Hamburg 1981.

HLT. Gesellschaft für Forschung Planung Entwicklung. Hessenreport 81. Wirtschaft Bevölkerung 1985-1990-1995. Wiesbaden 1981.

HLT/HZD. Gesellschaft für Forschung Planung Entwicklung/Hessische Zentrale für Datenverarbeitung. Die Landkreise und kreisfreien Städte in Hessen. Daten und Informationen. Wiesbaden 1982.

HÖLLHUBER, D.: Wahrnehmungswissenschaftliche Konzepte in der Erforschung innerstädtischen Umzugsverhaltens. = Karlsruher Manuskripte zur Mathematischen und Theoretischen Wirtschafts- und Sozialgeographie 19/1976.

HOLM, K.: Lineare multiple Regression und Pfadanalyse. In: Die Befragung 5. München 1977. S. 7-102.

HOFFMANN-NOWOTNY, H.-J. u.a. (Hrsg.): Soziale Indikatoren. Internationale Beiträge zu einer neuen praxis-orientierten Forschungsrichtung. = Reihe Soziologie in der Schweiz 5. Frauenfeld 1976.

HÜBLER, K.-H. u.a.: Zur Problematik der Herstellung gleichwertiger Lebensverhältnisse. = Abhandlung der ARL Bd. 80. Hannover 1980.

HUJER, R. u.a. (Hrsg.): Regionalforschung und Landesentwicklungsplanung in Hessen. = THD Schriftenreihe Wissenschaft und Technik. Darmstadt 1978.

INSTITUT FÜR DEMOSKOPIE: Eine Generation später. Bundesrepublik Deutschland 1953-1979. Allensbach 1981.

IPSEN, D. (Hrsg.): Heirate nie den Berg hinauf.Berichte über die Modernisierung im Vogelsberg. = Schriftenreihe des FB Stadtplanung/Landschaftsplanung GhK/4. Kassel o.J.

JACOB, J.: Regionalpolitik und räumliche Disparitäten in der Bundesrepublik. Zur Kritik der Regionalförderung in den Deglomerationsräumen. Frankfurt/M. 1979.

JOST, P.: Quantitative Auswirkungen des Geburtenrückgangs auf die ländlichen Räume. In: Schriftenreihe für ländliche Sozialfragen 73. Hannover 1975. S.38-47.

KAMINSKI, G. (Hrsg.): Umweltpsychologie. Perspektiven, Probleme, Praxis. Stuttgart 1976.

KEMPER, F.-J.: Über einige multivariate Verfahren zur statistischen Varianzaufklärung und ihre Anwendung in der Geographie.= Karlsruher Manuskripte zur Mathematischen und Theoretischen Wirtschafts- und Sozialgeographie 28/1978.

KLINGBEIL, D.: Aktionsräumliche Analysen und Zentralitätsforschung. Überlegungen zur konzeptionellen Erweiterung der zentralörtlichen Theorie. In: Münchener Geographische Hefte 39/1977. S. 45-74.

KLUCZKA, G.: Perspektiven der Versorgung peripherer ländlicher Räume mit haushaltnaher Infrastruktur. In: Deutscher Geographentag Mannheim 1981. Tagungsbericht und wissenschaftliche Abhandlungen. Wiesbaden 1983. S. 377-380.

KOCH, R.: Wanderungen und Bevölkerungsentwicklung in der Raumordnungsprognose 1990. In: Informationen zur Raumentwicklung 1/2/1977. S. 83-101.

KÖHLER, C.: Stadterleben. Kritische Bemerkungen zu wahrnehmungs- und verhaltenstheoretischen Ansätzen und zur Praxis der gegenwärtigen Stadtgestaltung. = Beiträge zur angewandten Wirtschafts- und Sozialforschung. Raumwissenschaft 1. Frankfurt/M. 1981.

KONRAD ADENAUER STIFTUNG: Entwicklung ländlicher Räume. = Studien zur Kommunalpolitik Bd. 2. Bonn 1974.

KRYSMANSKI, R.: Bodenbezogenes Verhalten in der Industriegesellschaft. = Materialien zur Raumplanung. Münster 1967.

LANDESENTWICKLUNGSBERICHT HESSEN 1970-1978. Wiesbaden 1980.

LANDESENTWICKLUNGSPLAN HESSEN 80 (LEP). Durchführungsabschnitt für die Jahre 1971-1974. Wiesbaden 1971.

LANDRATSAMT NECKAR-ODENWALD-KREIS. Kreisplanungsamt (Hrsg.): Struktur und Entwicklungsbild der Gemeinde Rosenberg. Maschinenschriftliches Exposé. Mosbach o.J.

LANGENHEDER, W.: Ansatz zu einer allgemeinen Verhaltenstheorie in den Sozialwissenschaften. Dargestellt und überprüft an Ergebnissen empirischer Untersuchungen über Ursachen von Wanderungen. Köln/Opladen 1968.

LANGENHEDER, W.: Theorie menschlicher Entscheidungshandlungen. Stuttgart 1975.

LAUFENDE RAUMBEOBACHTUNG. = Informationen zur Raumentwicklung 8/9/1978.

LEIMGRUBER, W.: Die Perzeption als Arbeitsgebiet in der Humangeographie. In: Geographica Helvetica 1979. S. 189-194.

LEITNER, H. und H. WOHLSCHLÄGL: Metrische und ordinale Pfadanalyse: Ein Verfahren zur Testung komplexer Kausalmodelle in der Geographie. In: Geographische Zeitschrift 2/1980. S. 81-106.

LYNCH, K.: The image of the city. Cambridge/Mass. 1960. (Das Bild der Stadt. Gütersloh, Berlin, München 1968).

MACKENSEN, R. u.a.: Probleme regionaler Mobilität. Ergebnisse und Lücken der Forschung zur gegenwärtigen Situation in der Bundesrepublik Deutschland/Berlin (West). = Kommission für wirtschaftlichen und sozialen Wandel 19. Göttingen 1975.

MAIER, J.: Ländliche Räume in peripheren Regionen. In: Arbeitsmaterialien der ARL Bd. 53. Hannover 1981. S. 115-136.

MAIER, J.:Theoretische Konzepte und regionalpolitische Strategien für periphere Räume. Ein Überblick. In: Deutscher Geographentag Mannheim 1981. Tagungsbericht und wissenschaftliche Abhandlungen. Wiesbaden 1983. S. 372-375.

MAIER, J. und J. BURGER: Freizeiträume der Jugend im peripheren Raum - Verhaltensmuster und Einflußgrößen. In: K. Wolf/P. Weber (Hrsg.). Raumrelevantes Freizeitverhalten Jugendlicher in der Bundesrepublik Deutschland. Düsseldorf 1983. S. 19-74.

MAIER, J. und J. WEBER: Räumliche Aktivitäten von Unternehmern im ländlichen Bereich.In: Geographische Rundschau 1979. S. 90-101.

MARTENS, D.: Grundsätze und Voraussetzungen einer regionalen Regionalpolitik.In: Informationen zur Raumentwicklung 5/1980. S. 263-272.

MARX, W.: Bindungen an ländliche Wohnstandorte dargestellt am Beispiel ausgewählter Gemeinden in Hessen und Rheinland-Pfalz. = Beiträge der ARL Bd. 72. Hannover 1983.

MATTHES, J. (Hrsg.): Sozialer Wandel in Westeuropa. Frankfurt, New York 1978.

MAY, H.-D.: Junge Industrialisierungstendenzen im Untermaingebiet unter besonderer Berücksichtigung der Betriebsverlagerungen aus Frankfurt am Main.= Rhein-Mainische Forschungen 65. Frankfurt 1968.

MEIER-DALLACH, H.-P.: Räumliche Identität - Regionalistische Bewegung und Politik. In: Informationen zur Raumentwicklung 5/1980. S. 301-313.

METTLER-MEIBOM, B.: Grundzüge einer regionalen Regionalpolitik. Erfordernisse bei zunehmender Interregionalisierung und Internationalisierung der Produktion. In: Informationen zur Raumentwicklung 5/1980. S. 273-282.

MEYER, R.: Werte und Wertordnungen in der Schweizerischen Bevölkerung.In: Hoffmann-Nowotny 1976, S. 299-315.

MOEWES, W.: Sozial- und wirtschaftsgeographische Untersuchung der nördlichen Vogelsbergabdachung. Methode
zur Erfassung eines Schwächeraumes. = Gießener
Geographische Schriften 14/1968.

MOEWES, W.: Grundfragen der Lebensraumgestaltung. Raum und
Mensch, Prognose, "offene" Planung und Leitbild.
Berlin, New York 1980.

MONHEIM, H.: Zur Attraktivität deutscher Städte. Einflüsse
von Ortspräferenzen auf die Standortwahl von Büro-
betrieben. = WGI-Berichte zur Regionalforschung 8.
München 1972.

MONHEIM, R.: Aktiv- und Passivräume. In: Raumforschung und
Raumordnung 2/1972. S. 51-58.

NASCHOLD, F.: Alternative Raumpolitik. Ein Beitrag zur Verbesserung der Arbeits- und Lebensverhältnisse.
Kronberg 1978.

NASCHOLD, F. und W. VÄTH: Raumstrukturelle Entwicklungspoli-
tik als Strategie langfristiger Arbeitsplatzsiche-
rung. In: Neue Gesellschaft 23. Bonn 1976. S. 460-
467.

NEISSER, U.: Kognition und Wirklichkeit. Prinzipien und Im-
plikationen der kognitiven Psychologie. Stuttgart
1979.

NIEDENZU, A. u.a.: Wahrnehmung und Bewertung sperriger Infrastruktur. = Münchener Geographische Hefte 47/
1982.

OTREMBA, E.:Regionaltypische Aspekte zur Gewinnung von Zielvorstellungen für die Planung und Gestaltung des
ländlichen Raumes. In: Forschungs- und Sitzungsberichte der ARL Bd. 106. Hannover 1976. S. 45-63.

O'LOUGHLIN, J. und G. GLEBE: The location of foreigners in
Düsseldorf: A causal analysis in a path analytic
framework. In: Geographische Zeitschrift 1981. S.
81-97.

PIEPER, J.: Einstellung der Jugend zum Verbleib auf dem Lande.= Materialsammlung der ASG 130. Göttingen 1976.

POHL, J. und R. GEIPEL: Umweltqualität im Münchener Norden.
Wahrnehmungs- und Bewertungsstudien. = Münchener
Geographische Hefte 49/1983.

POPITZ, H. u.a.: Das Gesellschaftsbild des Arbeiters. Tübingen 1957.

PROGNOS: Struktur und Motive der Wanderungsbewegungen in der Bundesrepublik Deutschland. Gutachten. Basel 1968.

PROSHANSKY, H. u.a. (Hrsg.):Environmental Psychology. People and their physical settings. New York, Chicago, London 1976².

RAUMORDNUNGSBERICHT 1982. Drucksache 10/210. Bonn 1983.

RAUMORDNUNGSBERICHT FÜR DIE REGION OSTHESSEN Bd. 1. Fulda 1973/74.

RÖDER, H.: Ursachen, Erscheinungsformen und Folgen regionaler Mobilität. Ansätze zu ihrer theoretischen Erfassung. = Beiträge zum Siedlungs- und Wohnungswesen und zur Raumplanung 16. Münster 1974.

RÖLL, W.: Die kulturlandschaftliche Entwicklung des Fuldaer Landes seit der Frühneuzeit. = Gießener Geographische Schriften 9/1966.

RUHL, G.: Das Image von München als Faktor für den Zuzug. = Münchener Geographische Hefte 35/1971.

SCHEUCH, E.K.: Sozialprestige und soziale Schichtung. In: Kölner Zeitschrift für Soziologie und Sozialpsychologie SH 5/1961. S. 65-103.

SCHRETTENBRUNNER, H.: Methoden und Konzepte einer verhaltenswissenschaftlich orientierten Geographie. In: Der Erdkundeunterricht 19. Stuttgart 1974. S. 64-86.

SCHULZ ZUR WIESCH, J.: Regionalplanung in Hessen. Ein Beitrag zur empirischen Planungsforschung. Stuttgart, Berlin 1977.

SEDLACEK, P. (Hrsg.): Regionalisierungsverfahren. = Wege der Forschung 195. Darmstadt 1978.

STACHOWIAK, H. u.a. (Hrsg.): Bedürfnisse, Werte und Normen im Wandel. Bd. II Methoden und Analysen. München, Paderborn, Wien, Zürich 1982.

STEUER, M.: Wahrnehmung und Bewertung von Naturrisiken am Beispiel ausgewählter Gemeindefraktionen im Friaul. = Münchener Geographische Hefte 43/1979.

STIENS, G.: Vorausgesagte Entwicklungen und neue Strategien für den ländlichen Raum. In: Informationen zur Raumentwicklung 1/2/1977. S. 139-153.

STIENS, G.: "Kumulativer Schrumpfungsprozeß" in peripheren Regionen unausweichlich? In: Geographische Rundschau 11/1978. S. 433-436.

STIENS, G.: Zur Wiederkunft des Regionalismus in den Wissenschaften. In: Informationen zur Raumentwicklung 5/1980. S. 315-333.

STIENS, G.: Veränderte Konzepte zum Abbau regionaler Disparitäten. Zu den Wandlungen im Bereich raumbezogener Theorie und Politik. In: Geographische Rundschau 1/1982. S. 19-24.

STÖCKMANN, W.: Wanderungen im ländlichen Raum. In: Innere Kolonisation 21/1972. S. 37-40.

STÖHR, W.: Alternative Strategien für die integrierte Entwicklung peripherer Gebiete. Arbeitsmaterialien des ORL-Instituts der ETH. Zürich 1980.

STOKOLS, D. (Hrsg.): Perspectives on environment and behavior. New York 1977.

STORBECK, D.: Chancen für den ländlichen Raum. In: Raumforschung und Raumordnung 6/1976. S. 269-277.

THOMALE, E.: Geographische Verhaltensforschung. In: Studenten in Marburg. Marburger Geographische Schriften 61/1974. S. 9-30.

THOSS, R.: Planung unter veränderten Verhältnissen - ökonomische Aspekte.In: Forschungs- und Sitzungsberichte der ARL 108. Hannover 1976. S. 15-39.

THÜRSTEIN, U.: Die Wohnwünsche der Bundesbürger. Frankfurt 1972.

TOLMAN, E.C.: Cognitive maps in rats and men. Psychological Review 55/1948. S. 189-208. (Nachdruck in: DOWNS, R.M. und D. STEA 1973, S. 27-50).

TREINEN, H.: Symbolische Ortsbezogenheit. In: Materialien zur Siedlungssoziologie. Köln 1974. S. 234-259.

UFFMANN, J.: Modellmäßige Ermittlung des landgebundenen Bevölkerungsanteils auf der Grundlage des landwirtschaftlichen Produktionspotentials. Dissertation. Gießen 1980.

WALK, F. (Hrsg.): Dorf - Landschaft - Umwelt. Planung im ländlichen Raum. Entwicklungsstrategien für Mensch und Umwelt. = Internationale Grüne Woche Berlin 21/1984.

WEHLING, H.-W.: Theoretische Überlegungen und methodische Anregungen zur konzeptionellen Erweiterung der Dorfforschung durch die Wahrnehmungsgeographie. In: Essener Geographische Arbeiten 2/1982. S. 93-116.

WEICHBRODT, E. (Hrsg.): Geographische Mobilität im ländlichen Raum am Beispiel des Landkreises Eschwege. = Berliner Geographische Studien 2/1977.

WICKER, A.W.: An introduction to ecological psychology. Wadsworth 1979.

WIESSNER, R.: Verhaltensorientierte Geographie. Die angelsächsische behavioral geography und ihre sozialgeographischen Ansätze. In: Geographische Rundschau 11/1978. S. 420-426.

WIRTH, E.: Kritische Anmerkungen zu den wahrnehmungszentrierten Forschungsansätzen in der Geographie. In: Geographische Zeitschrift 3/1981. S. 161-198.

WOLF, K. u.a.: Errichtung, Struktur und Nutzung von Feriendörfern in Mittelgebirgen. Modellanalysen Ostertal /Odenwald und Herbstein/Vogelsberg. = Materialien 6. Frankfurt/M. 1978.

ZAPF, W.: Lebensbedingungen und wahrgenommene Lebensqualität. Arbeitspapier Nr. 2 des Sonderforschungsbereichs 3. Frankfurt, Mannheim 1979.

ZIMMERMANN, H.: Regionale Präferenzen. Wohnortorientierung und Mobilitätsbereitschaft der Arbeitnehmer als Determinanten der Regionalpolitik.= Schriftenreihe der Gesellschaft für Regionale Strukturentwicklung Bd. 2. Bonn 1973.

Geographisches Institut
Fachgebiet Siedlungsgeographie
Prof. Dr. Heinz-Dieter May

6100 Darmstadt, Schnittspahnstr. 9/10
Telefon (06151) 163719

Technische Hochschule
Darmstadt

Fragebogen zur Forschungsarbeit
"Bewertung des ländlichen Raumes" im Auftrag der DFG

1. Seit wann wohnen Sie hier in ....?

   ○ geburtig   ○ seit 19....

2. In welcher Gemeinde haben Sie vorher gewohnt?

   Gemeinde: ....

   Landkreis: ....

3. Was war ausschlaggebend und der wichtigste Grund für Ihre Entscheidung, gerade hierher zu ziehen? (EINE NENNUNG!)

   ○ familiäre Gründe
   ○ berufliche Gründe
   ○ Ausbildung der Kinder
   ○ bessere Wohnsituation/günstiger Bauplatz
   ○ kürzere Wege zur Arbeit / bessere Verkehrsverbindungen
   ○ gesündere, schönere Umgebung
   ○ Sonstiges: ....

WENN SEIT 1977 ZUGEZOGEN

4. Fühlen Sie sich eigentlich wohl hier in Ihrem Wohnort?

5. Was gefällt Ihnen hier besonders?

6. Und was gefällt Ihnen weniger?

7. Es heißt oft, hier auf dem Land wäre die Arbeitsplatzsituation nicht gut. Meinen Sie dies auch?

8. Wenn Sie für die Arbeitsplatzsituation in dieser Gegend (GEMEINDE UND NÄHERE UMGEBUNG) Noten wie in der Schule geben sollten, wie würden Sie beurteilen:

	1	2	3	4	5	weiß nicht
- Arbeitsplatzangebot (insgesamt)	○	○	○	○	○	○
- Lehrstellenangebot	○	○	○	○	○	○
- Lohnniveau/Verdienstmöglichkeit	○	○	○	○	○	○
- Betriebliche Sozialleistungen	○	○	○	○	○	○
- Zeitaufwand für den Weg zur Arbeit	○	○	○	○	○	○

(1 = sehr gut, hervorragend; 2 = gut; 3 = befriedigend, mittelmäßig; 4 = ausreichend; 5 = mangelhaft, unzureichend)

9. Welche Tätigkeit üben Sie aus? (WENN NICHT BERUFSTÄTIG, WEITER MIT FRAGE 15!)

   ○ berufstätig
   ○ Schüler/Student
   ○ Auszubildender
   ○ arbeitslos
   ○ Hausfrau
   ○ Rentner / Pensionär

10. In welchem Ort arbeiten Sie?

   Ort: ....

11. Fahren Sie täglich zum Arbeitsplatz?

   O ja   O nein

12. Wie lange brauchen Sie für eine Wegstrecke von zu Hause bis zum Arbeitsplatz?

   O bis 1/4 Stunde   O bis 1 Stunde
   O bis 1/2 Stunde   O bis 1 1/2 Stunden
   O bis 3/4 Stunde   O mehr als 1 1/2 Stunden

13. Und welche Anfahrtzeit halten Sie für zumutbar?

   O bis 1/4 Stunde   O bis 1 Stunde
   O bis 1/2 Stunde   O bis 1 1/2 Stunden
   O bis 3/4 Stunde   O mehr als 1 1/2 Stunden

14. In ländlichen Gebieten muß man häufig lange Wege zum Arbeitsplatz in Kauf nehmen. Was sollte nach Ihrer Meinung getan werden, um diese Belastung zu verringern?

   O Ausbau des öffentlichen Nahverkehrs oder
   O Ausbau des Straßennetzes

15. Man sagt, auf dem Lande sei die Versorgungssituation nicht gut. Wie sehen Sie das?

WENN BERUFSTÄTIG

16. Wenn Sie die Wohn- und Versorgungssituation hier in dieser Gegend wie in der Schule benoten sollten, wie würden Sie beurteilen:

	1	2	3	4	5	weiß nicht
- Angebot an günstigem Bauland	O	O	O	O	O	O
- Mietpreise	O	O	O	O	O	O
- Einkaufsmöglichkeiten: Lebensmittel	O	O	O	O	O	O
- Einkaufsmöglichkeiten: Bekleidung, Haushaltswaren	O	O	O	O	O	O
- ärztliche Versorgung	O	O	O	O	O	O
- Versorgung mit Freizeiteinrichtungen	O	O	O	O	O	O
- öffentliche Verkehrsverbindungen	O	O	O	O	O	O

17. Sind Sie der Ansicht, daß Sie hier zu abgelegen leben?

   O ja   O es geht so
   O nein   O weiß nicht

18. Warum meinen Sie das?

19. Wie sehen Sie eigentlich die Umweltverhältnisse hier auf dem Lande?

20. Wenn Sie für die Umweltbedingungen hier in dieser Gegend Noten wie in der Schule vergeben sollten, wie würden Sie beurteilen:

	1	2	3	4	5	weiß nicht
- Landschaft	O	O	O	O	O	O
- gesunde Luft	O	O	O	O	O	O
- Ruhe	O	O	O	O	O	O
- Ortsbild	O	O	O	O	O	O

27. Würden Sie jungen Menschen / Ihren Kindern raten hierzubleiben oder fortzuziehen? Warum?
○ hierbleiben   ○ weiß nicht
○ fortziehen   ○ Sonstiges: ....
Gründe:

(WENN ERWERBSTÄTIG, HAUSFRAU, RENTNER: WEITER MIT FRAGE 32!)

28. Welchen Schulabschluß / Ausbildungsberuf streben Sie an?
○ Hauptschulabschluß
○ Mittlere Reife / vergleichbarer Abschluß
○ Abitur
○ Ausbildung als: ....

29. Werden Sie nach der Schule/Lehre hier fortgehen? Was meinen Sie?
○ Ich möchte hierbleiben und sehe auch entsprechende Möglichk.
○ Ich möchte hierbleiben, sehe aber keine entsprechenden Chancen (gehe ungern fort)
○ Ich muß vorübergehend fortgehen (Studium, Bundeswehr), möchte aber später zurückkehren
○ Ich möchte in jedem Fall fortgehen

30. Was haben Sie für Zukunftspläne?

31. Werden Sie hierbleiben oder fortziehen?
○ Ich möchte hierbleiben und sehe auch entsprechende Möglichk.
○ Ich möchte hierbleiben, sehe aber keine entsprechenden Chancen (gehe ungern fort)
○ Ich muß vorübergehend fortgehen (Studium, Bundeswehr), möchte aber später zurückkehren
○ Ich möchte in jedem Fall fortgehen

WENN SCHÜLER / AUSZUBILDENDER

WENN ARBEITSLOS

21. Können Sie sich vorstellen, daß es Leute gibt, die aus dieser Gegend fortziehen wollen?
○ ja   ○ nein   ○ weiß nicht

22. Was sind das für Leute?

23. Und welche Gründe mögen da eine Rolle spielen?

24. Und wie stehen Sie persönlich dazu: Können Sie sich vorstellen, hier fortzuziehen?
○ ja   ○ nein   ○ weiß nicht

25. Unter welchen Bedingungen würden Sie hier fortziehen?

26. Wenn Sie fortziehen müßten, was würde Ihnen am meisten fehlen?

WENN JA

WENN JA

129

32. Wie weit reicht eigentlich die Gegend hier, in der die Leute ähnlich denken wie Sie und ähnliche Probleme haben?

Wolfhagen Witzenhain Soden-Allendorf Eschwege

Kassel Hess.-Lichtenau

Korbach Melsungen Sontra

Fritzlar Rotenburg Bebra

Bad Wildungen Homberg Bad Hersfeld

Frankenberg Ziegenhain Hünfeld Tann Hilders

Kirchhain Alsfeld Burghaun Eiterfeld

Schlitz Fulda

Marburg Grünberg Ulrichstein Lauterbach Herbstein Freiensteinau Flieden

Gießen Lich Schotten Nidda Gedern Schlüchtern Brückenau

Bad Nauheim Büdingen

Friedberg

Bad Homburg Gelnhausen Bad Orb

33. Wenn man Sie fragt, was Ihre Heimat ist, was würden Sie antworten?

34. Wie oft waren Sie eigentlich im letzten Jahr in

VOGELSBERG	0	1	2	3	RHÖN	0	1	2	3
Lauterbach	O	O	O	O	Hünfeld	O	O	O	O
Schlüchtern	O	O	O	O	Fulda	O	O	O	O
Fulda	O	O	O	O	Bad Hersfeld	O	O	O	O
Gießen	O	O	O	O	Kassel	O	O	O	O
Kassel	O	O	O	O	Frankfurt	O	O	O	O
Frankfurt	O	O	O	O					

(0 = gar nicht; 1 = selten (1-3mal); 2 = des öfteren (4-7mal);
3 = sehr häufig (8mal und mehr)

35. Wenn Sie an den Wochenenden etwas unternehmen (z.B. einen Ausflug), wohin fahren Sie normalerweise?

O normalerweise innerhalb der Gemeinde

O normalerweise außerhalb der Gemeinde, in ....

....

36. Was bedeuten Ihnen persönlich folgende Dinge?

	sehr wichtig	weniger wichtig	unwichtig
Dorfgemeinschaft	O	O	O
Heimatverbundenheit	O	O	O
Alte Sitten und Gebräuche	O	O	O
Vereinsleben	O	O	O
kirchliches Leben, Religiosität	O	O	O

37. Nachdem wir uns so lange über den ländlichen Raum unterhalten haben, möchten wir nun mit Ihnen über das Leben in der Großstadt sprechen. Was meinen Sie: Welche Vorteile bietet das Leben in der Stadt?

38. Und welche Nachteile bringt es mit sich?

39. Wenn Sie alle Vor- und Nachteile gegeneinander abwägen, wo gefällt es Ihnen besser, wo möchten Sie lieber wohnen?
○ Stadt   ○ Land

40. Man sagt, daß die Menschen auf dem Lande besonders gut zusammenhalten. Haben Sie ähnliche Erfahrungen gemacht?

41. Manch einer findet es als angenehm, daß jeder am Leben des anderen teilhat. Andere empfinden das als störend. Wie sehen Sie das?

42. Mit was verbringen Sie den größten Teil Ihrer Freizeit?
(ZWEI NENNUNGEN MÖGLICH)
○ allein   ○ Freundeskreis
○ Familie   ○ Vereinskameraden
○ Freund / Freundin   ○ Nachbarn
○ Verwandte

43. Abschließend möchten wir uns mit Ihnen kurz über das Leben in der Gemeinde unterhalten. - Wie stark interessieren Sie sich für das Geschehen in Ihrer Gemeinde?
○ gar nicht   ○ teilweise   ○ stark

44. Es gibt viele Möglichkeiten, am Gemeindeleben aktiv teil-zunehmen. Welche der folgenden Möglichkeiten nutzen Sie?
○ keine   ○ Gemeinderat
○ Teilnahme an Festen   ○ Kirche
○ Mitarbeit in Vereinen   ○ Bürgerinitiativen
○ Mitarbeit in einer Partei   ○ sonstige Aktivitäten: ....

45. Meinen Sie daß Ihre Gegend von den Politikern in Bund und Land ausreichend vertreten wird?
○ Ja   ○ teilweise
○ nein   ○ weiß nicht

46. Wenn Sie bestimmen könnten, was in Ihrer Gegend vor allem verbessert werden müßte, was wäre Ihnen am wichtigsten, was am zweitwichtigsten?
(BITTE KENNZEICHNEN: 1 = AM WICHTIGSTEN; 2 = AM ZWEITWICHTIGSTEN)
○ Maßnahmen zum Ausbau gesicherter Arbeitsplätze
○ Maßnahmen zur Erhaltung der gesunden Umwelt
○ Maßnahmen zur Verbesserung der Einkaufsmöglichkeiten
○ Ausbau des Verkehrsnetzes oder des öffentlichen Nahverkehrs
○ Ausbau der kulturellen und Bildungseinrichtungen
○ Verbesserung der Freizeitmöglichkeiten
○ Maßnahmen zum Schutz der Landschaft
○ Maßnahmen zur Verbesserung der Wohnverhältnisse
○ nichts notwendig

47. Würden Sie staatliche Fördermaßnahmen begrüßen, die Ihrer Gegend zwar einen wirtschaftlichen Aufschwung bringen, aber auf Kosten der Umwelt gehen?
○ ja
○ nein
○ weiß nicht

48. Sind Sie eigentlich zufrieden mit der Bildung von Großgemeinden im Zusammenhang mit der kommunalen Gebiets- reform oder war das früher besser?

O bin zufrieden
O war früher besser
O unentschieden
O weiß nicht

49. Können Sie sich vorstellen, daß der Fremdenverkehr die wirtschaftliche Situation hier verbessern kann?

STATISTISCHE DATEN

1. Geschlecht

O w   O m

2. Alter

O 15 bis unter 18
O 18 bis unter 21
O 21 bis unter 45
O 45 bis unter 65
O über 65

3. Haushaltsgröße

O 1 Person
O 2 Personen
O 3 Personen
O 4 Personen
O 5 und mehr P.

4. Schulabschluß

O Hauptschule
O Mittlerer Abschluß
O Abitur

5. Ausgeübter Beruf
(GENAUE ANGABE!)

....

6. Erlernter Beruf

....

7. Wohnsituation

O Eigenheim
O Mietwohnung

8. Konfession

O ev.
O kath.
O sonstige
O keine

9. Nebenerwerbslandwirtschaft

O ja   O nein

10. PKW oder Motorrad im Haushalt

O ja, Befragter selbst
O ja, im Haushalt vorhanden
O nein

NACH BEFRAGUNG DURCH
INTERVIEWER EINTRAGEN:

11. Zustand des Hauses
(EINSCHÄTZUNG DES INTERVIEWERS)

O Altbau
O Neubau (letzte 10 Jahre)
O renoviert
O gepflegt
O ungepflegt

12. Wohnstandort

O alter Ortskern
O außerhalb des Ortskerns

Frage 5 - Positive Merkmale des Wohnumfeldes. Aufgeschlüsselt nach Wohngemeinden der Befragten (in %)

Positive Merkmale (Mehrfachantworten) / Wohngemeinden	N	Umwelt- bedingungen	Soziale Kontakte	Bewegungs- freiheit	Ländliche Atmosphäre	Heimat
V o g e l s b e r g						
GREBENHAIN Grebenhain, Ilbes- hausen, Heisters	28	71,4	32,1	10,7	21,4	14,3
HERBSTEIN Herbstein, Schadges	37	73,0	29,7	5,4	24,3	2,7
FREIENSTEINAU Freiensteinau, Fleschenbach	25	72,0	32,0	12,0	0,0	8,0
ULRICHSTEIN Ulrichstein, Feldkrücken	22	81,8	18,2	4,5	13,6	9,1
LAUTERBACH Frischborn, Heblos	29	65,5	41,4	10,3	20,7	13,8
WARTENBERG Angersbach	36	63,9	41,7	8,3	38,9	11,1
R h ö n						
NÜSTTAL Hofaschenbach, Morles Mittelaschenbach	27	63,0	29,6	3,7	14,8	7,4
EITERFELD Eiterfeld, Treisch- feld, Ufhausen	54	70,4	38,9	1,9	13,0	9,3
RASDORF Rasdorf, Setzelbach	26	69,2	30,8	3,8	34,6	26,9
BURGHAUN Burghaun, Steinbach, Schlotzau	55	76,4	34,5	7,3	21,8	3,6

Frage 6 - Negative Merkmale des Wohnumfeldes. Aufgeschlüsselt nach Wohngemeinden der Befragten (in %)

Wohngemeinden / Negative Merkmale (Mehrfachantworten)	N	Arbeits-markt	Verkehr	Freizeit/Kultur	Einkauf	Soziale Kontrolle	Schul-/ärzt. Versorgung
V o g e l s b e r g							
GREBENHAIN Grebenhain, Ilbes-hausen, Heisters	22	22,7	59,1	22,7	18,2	13,6	13,6
HERBSTEIN Herbstein, Schadges	28	35,7	17,9	32,1	10,7	10,7	7,1
FREIENSTEINAU Freiensteinau, Fleschenbach	16	6,3	75,0	43,8	25,0	0,0	6,3
ULRICHSTEIN Ulrichstein, Feldkrücken	17	35,3	35,3	29,4	17,6	5,9	23,5
LAUTERBACH Frischborn, Heblos	18	22,2	33,3	27,8	16,7	5,6	16,7
WARTENBERG Angersbach	21	23,8	4,8	38,1	9,5	23,8	14,3
R h ö n							
NÜSTTAL Hofaschenbach, Morles Mittelaschenbach	19	10,5	63,2	26,3	10,5	21,1	0,0
EITERFELD Eiterfeld, Treischfeld, Ufhausen	40	17,5	45,0	20,0	20,0	30,0	15,0
RASDORF Rasdorf, Setzelbach	20	30,0	70,0	10,0	40,0	5,0	35,0
BURGHAUN Burghaun, Steinbach, Schlotzau	41	24,4	43,9	31,7	7,3	17,1	0,0

Frage 46 - Gewünschte regionalpolitische Fördermaßnahmen. Aufgeschlüsselt nach Wohngemeinden der Befragten (in %)

Wohngemeinden / Fördermaßnahmen (nach Priorität)	N		Arbeitsmarkt		Umwelt		Einkauf		Verkehr		Kultur/ Bildung		Freizeit		Landschafts- schutz		Wohnung		Keine	
	1.	2.	1.	2.	1.	2.	1.	2.	1.	2.	1.	2.	1.	2.	1.	2.	1.	2.	1.	2.
V o g e l s b e r g																				
GREBENHAIN Grebenhain, Ilbeshausen, Heisters	42	39	59,5	12,8	16,7	25,6	7,1	7,7	7,1	20,5	0,0	5,1	4,8	12,8	4,8	10,3	0,0	2,6	0,0	2,6
HERBSTEIN Herbstein, Schadges	45	43	60,1	14,0	22,2	20,9	2,2	0,0	2,2	20,9	2,2	9,3	2,2	25,6	6,7	7,0	0,0	0,0	2,2	2,3
FREIENSTEINAU Freiensteinau, Fleschenbach	31	30	41,9	20,0	16,1	13,3	0,0	6,7	19,4	26,7	3,2	13,3	6,5	6,7	12,9	10,0	0,0	3,3	0,0	0,0
ULRICHSTEIN Ulrichstein, Feldkrücken	28	26	21,4	11,5	10,8	15,4	10,8	7,7	14,3	7,7	7,1	26,9	21,4	19,4	7,1	3,8	0,0	3,8	7,1	3,8
LAUTERBACH Frischborn, Heblos	39	38	69,1	15,8	7,7	21,1	7,7	15,8	2,6	18,4	7,7	5,3	2,6	10,5	2,6	10,5	0,0	2,6	0,0	0,0
WARTENBERG Angersbach	48	43	62,4	16,3	14,6	41,8	0,0	2,3	8,3	9,3	4,2	4,7	6,3	14,0	4,2	9,3	0,0	2,3	0,0	0,0
R h ö n																				
NÜSTTAL Hofaschenbach, Morles, Mittelaschenbach	33	28	60,6	14,3	6,1	7,1	12,1	25,0	12,1	39,2	0,0	3,6	3,0	3,6	0,0	3,6	0,0	3,6	6,1	0,0
EITERFELD Eiterfeld, Treischfeld, Ufhausen	61	52	67,2	13,5	6,6	40,3	3,3	3,8	4,9	5,8	4,9	15,4	3,3	13,5	1,6	5,8	0,0	1,9	8,2	0,0
RASDORF Rasdorf, Setzelbach	31	27	64,5	14,8	9,7	18,6	3,2	7,4	9,7	33,3	0,0	0,0	3,2	22,2	0,0	3,7	0,0	0,0	9,7	0,0
BURGHAUN Burghaun, Steinbach, Schlotzau	77	71	57,1	11,3	14,3	35,1	1,3	8,5	9,1	7,0	3,9	15,5	3,9	12,7	6,5	9,9	0,0	0,0	3,9	0,0

Soziale Dimension
(Antworten in % der Befragten)

	Vogelsberg	Rhön
Frage 40		
Zusammenhalt	N=226	N=203
Negativ	14,6	11,8
Positiv	72,6	75,4
Ambivalent	12,8	12,8
Frage 41		
Soziale Kontakte/Kontr.	N=228	N=199
Störend	17,5	11,6
Angenehm	57,5	50,2
Ambivalent	25,0	38,2
Frage 42 (Mehrfachantworten)		
Freizeitkontakte	N=228	N=207
Familie	67,5	76,8
Freund, Freundin	16,2	17,9
Verwandte	8,3	9,7
Freundeskreis	41,2	37,7
Vereinskameraden	15,4	11,6
Nachbarn	3,9	6,8
Keine	9,2	3,9
Frage 43		
Interesse am Gemeinde-geschehen	N=231	N=207
Gar nicht	11,7	7,7
Stark	29,5	32,9
Teilweise	58,8	59,4

Regionalpolitische Dimension
(Antworten in % der Befragten)

	Vogelsberg	Rhön
Frage 45		
Regionalpolitische Vertretung	N=193	N=162
Unzufrieden	37,9	36,4
Zufrieden	35,2	37,7
Ambivalent	26,9	25,9
Frage 47		
Fördermaßnahmen zu Lasten der Umwelt	N=205	N=189
Nein	63,4	69,3
Ja	22,9	22,2
Ambivalent	13,7	8,5
Frage 48		
Zufriedenheit mit Groß-gemeinde	N=207	N=172
Ja	33,8	32,0
Früher besser	48,3	49,4
Unentschieden	17,9	18,6
Frage 49		
Fremdenverkehr als Wirtschaftsfaktor	N=228	N=196
Negativ	24,6	37,2
Positiv	55,7	42,9
Ambivalent	19,7	19,9

Wanderungsdimension (Antworten in % der Befragten)

	Vogelsberg	Rhön
Frage_23 (Mehrfachantworten)		
Gründe für Abwanderung	N=179	N=147
Beruf	75,4	75,5
Verdienst	15,1	10,2
Bildung	14,0	6,8
Freizeit	10,6	7,5
Verkehrslage	7,3	4,1
Abgelegenheit	11,2	12,9
Stadtpräferenz	14,5	12,2
Frage_24		
Persönliche Abwanderungsdisposition	N=226	N=205
Nein	69,9	72,7
Ja	29,2	27,3
Ambilvalent	0,9	0,0
Frage_26 (Mehrfachantworten)		
Wanderungswiderstände	N=58	N=50
Persönliche Beziehungen	46,6	54,0
Landschaft	46,6	44,0
Heimat	17,2	16,0
Keine	13,8	12,0
Frage_27		
Mobilitätsratschlag für Jugendliche	N=208	N=185
Fortziehen	13,9	14,1
Fortzug bei beruflicher Notwendigkeit	19,2	11,9
Hierbleiben	47,2	36,7
Eigene Entscheidung	14,9	29,7
Sonstiges	4,8	7,6
Frage_29		
Perspektive der Jugendlichen	N=39	N=47
Keine Abwanderung	41,0	53,1
Unfreiwillige Abwanderung	20,5	21,3
Temporäre Abwanderung	30,8	21,3
Abwanderungswunsch	7,7	4,3
Frage_17		
Gefühl der Abgelegenheit	N=231	N=207
Nein	71,0	71,0
Ja	14,7	17,4
Es geht so	14,3	11,6
Frage_39		
Bevorzugte Wohngegend	N=228	N=205
Stadt	5,3	3,9
Land	94,7	96,1

REICHWEITE der WOCHENENDAUSFLÜGE

I. Nach Altersgruppen

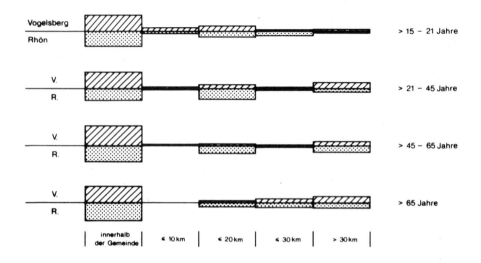

Vogelsberg / Rhön — > 15 – 21 Jahre

V. / R. — > 21 – 45 Jahre

V. / R. — > 45 – 65 Jahre

V. / R. — > 65 Jahre

| innerhalb der Gemeinde | ≤ 10 km | ≤ 20 km | ≤ 30 km | > 30 km |

II. Durchschnittliche Intensität (Vogelsberg und Rhön gesamt)

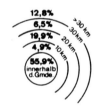

12,8% > 30 km
6,5% 30 km
19,9% 20 km
4,9% 10 km
55,9% innerhalb d. Gmde.

III. Nach Stellung im Beruf (Auswahl)

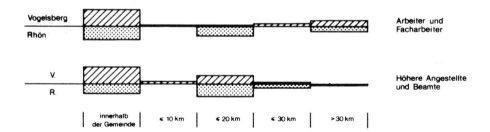

Vogelsberg / Rhön — Arbeiter und Facharbeiter

V. / R. — Höhere Angestellte und Beamte

| innerhalb der Gemeinde | ≤ 10 km | ≤ 20 km | ≤ 30 km | > 30 km |

1 mm Bandbreite ≙ 10% der Nennungen

Geographisches Institut
achgebiet Siedlungsgeographie
Prof. Dr. Heinz-Dieter May

6100 Darmstadt, Schnittspahnstr. 9/10
Telefon (06151) 16 37 19

Technische Hochschule
Darmstadt

Juni 1982

Sehr geehrte(r) Frau/Herr

Mitarbeiter des Geographischen Instituts der Technischen Hochschule
Darmstadt untersuchen im Auftrag der Deutschen Forschungsgemeinschaft
Struktur- und Entwicklungsprobleme im ländlichen Raum. Im Rahmen dieser
wissenschaftlichen Forschungsarbeit wird eine Repräsentativerhebung
in Osthessen durchgeführt, in der die Bevölkerung um ihre Meinung zu
den Lebensbedingungen in dieser Region gefragt wird.

Der Computer hat Sie für diese Stichprobenerhebung ausgewählt. Studen-
tische Mitarbeiter unseres Instituts werden in der Zeit vom 9.-13.
oder 21.-24. Juni 1982 bei Ihnen vorbeikommen, um Ihre persönliche
Meinung z.B. zur Verkehrssituation, Einkaufsmöglichkeiten und Arbeitsplatzangebot in Ihrer Gegend zu erfragen. Wir bitten Sie um die Bereit-
schaft zu einem solchen Interview und versichern Ihnen, daß Ihre Angaben streng vertraulich behandelt, nur für wissenschaftliche Zwecke
verwendet und nicht an Dritte weitergegeben werden. Übrigens ist auch
der Bürgermeister Ihrer Gemeinde über diese Befragungsaktion unterrich-
tet.

Mit der Bitte um Verständnis für unser Anliegen und bestem Dank im
voraus verbleibe ich

mit freundlichen Grüßen

Fuldaer Zeitung

HÜNFELDER ZEITUNG

6400 Fulda, Postfach 409 – Telefon: Verlag und Redaktion (0661) 8131 – Telefonische Anzeigenannahme (0661) 8040

Nummer 137 – 103. Jahrgang

Freitag, 18. Juni 1982

Einzelpreis 80 Pf

Wünsche werden erfragt

Studenten und Wissenschaftler erstellen Studie über Bedürfnisse der Bevölkerung

H ü n f e l d (FZ). Ist Regionalpolitik vor allem eine Domäne der Fachleute, deren Ziele und Folgen die betroffenen Bürger meist erst im nachhinein zu erfahren brauchen? Dies stellt eine Gruppe von Forschern des Geographischen Instituts der Technischen Hochschule in Darmstadt unter der Leitung von Professor Dr. H.-D. May in Frage. Sie wollen, wie mitgeteilt wird, im Rahmen einer von der Deutschen Forschungsgemeinschaft geförderten Studie die vor allem untersuchen, inwieweit die unterschiedlichen ländlichen Regionen der Bundesrepublik eigene, unterschiedliche Vorstellungen hinsichtlich ihrer raumordnerischen Entwicklung haben, die auf den jeweiligen speziellen Bedürfnissen ihrer Bewohnerschaft beruhen.

Ausgangspunkt dieser Untersuchung sei die These der Wissenschaftler, daß die bisherige Raumordnungspolitik allzuoft nach bundes- und landesweit festgelegten Kriterien erfolge, welche die besonderen Bedürfnisse der einzelnen Regionen zuwenig berücksichtigen. Eine Folge derartiger raumordnungspolitischer Vorstellungen zeige sich beispielsweise in der Auflösung der Regionalen Planungsgemeinschaften in Hessen, deren Aufgaben nun zentral von den zuständigen Regierungspräsidien wahrgenommen werden.

Ziel dieser Studie sei es, durch eine breit gestreute Befragung der Bevölkerung eines Teils des Hünfelder Landes deren Bewertung ihres Lebensraumes, ihre offenen Wünsche hinsichtlich Verkehrsausstattung, Einkaufsmöglichkeiten und Arbeitsplatzangebot sowie Vorstellungen der künftigen Gestaltung ihrer Umwelt zu erfahren. Dazu sei die Mithilfe von etwa 250 Bewohnern der Gemeinden Burghaun, Eiterfeld, Nüsttal und Rasdorf erforderlich, die vom Computer für die Interviews ausgewählt wurden. Diese werden direkt angeschrieben und in der Zeit zwischen dem 23. 6. und 3. 7. von Geographiestudenten und den Wissenschaftlern selbst besucht. Die Gespräche dauern etwa eine halbe Stunde; die Aussagen wurden anonym und vertraulich behandelt.

Wenn die Befragung auch wissenschaftliche Neugier befriedigen solle, werde doch erwartet, daß die Ergebnisse letztlich den für die Regionalpolitik verantwortlichen Politikern Hinweise darauf geben, in welchem Maße die Wünsche und Bedürfnisse der betroffenen Bewohnerschaft in die Politik zur Verbesserung der Lebenssituation im ländlichen Raum Eingang finden können, wird weiter betont. Gerade im Zeichen schwieriger wirtschaftlicher Rahmenbedingungen sei eine Förderung nach den Vorstellungen der direkt Betroffenen sinnvoll und effektiv, weil sie helfe, Fehlentwicklungen zu vermeiden.

Oberhessische

Volkszeitung

Neue Presse * Lauterbacher Zeitung
Amtliches Verkündungsorgan für den Vogelsbergkreis

Tel. 06 61/7 40 13   0 66 41/14 33

Samstag, 22. Mai 1982
Jahrgang 38 / Nr. 117

Mithilfe von 250 Bürgern erforderlich

Darmstädter Forschergruppe ist den Bedürfnissen der Vogelsberger auf der Spur

Vogelsbergkreis. — Ist Regionalpolitik vor allem eine Domäne der Fachleute, deren Ziele und Folgen die betroffenen Bürger meist erst im nachhinein zu erfahren brauchen? Diese bisher verbreitete Praxis stellt eine Gruppe von Forschern des Geographischen Instituts der Technischen Hochschule in Darmstadt unter der Leitung von Professor Dr. H.-D. May in Frage. Sie wollen im Rahmen einer von der Deutschen Forschungsgemeinschaft geförderten Studie vor allem untersuchen, inwieweit die unterschiedlichen ländlichen Regionen der Bundesrepublik eigene, unterschiedliche Vorstellungen hinsichtlich ihrer raumordnerischen Entwicklung entwickeln, die auf den jeweiligen speziellen Bedürfnissen ihrer Bewohnerschaft beruhen.

Ausgangspunkt dieser Untersuchung ist die These der Wissenschaftler, daß die bisherige Raumordnungspolitik allzuoft nach bundes- und landesweit festgelegten Kriterien erfolgt, welche die besonderen Bedürfnisse der einzelnen Regionen zu wenig berücksichtigen. Eine Folge derartiger raumordnungspolitischer Vorstellungen zeigt sich beispielsweise in der Auflösung der Regionalen Planungsgemeinschaft in Hessen, deren Aufgaben nun zentral von den zuständigen Regierungspräsidien wahrgenommen werden.

Ziel dieser Studie ist es nun, durch eine breit gestreute Befragung der Bevölkerung eines Teils des Vogelsberges deren Bewertung ihres Lebensraumes, ihre offenen Wünsche hinsichtlich der Infrastrukturausstattung sowie Vorstellungen der künftigen Gestaltung ihrer Umwelt zu erfahren. Dazu ist die Mithilfe von ca. 250 Bewohnern der Gemeinden Freiensteinau, Grebenhain, Herbstein, Lauterbach, Ulrichstein und Wartenberg erforderlich, die vom Computer für die Interviews ausgewählt wurden. Diese werden Ende Mai angeschrieben und in der ersten Junihälfte von Geographiestudenten und den Wissenschaftlern selbst besucht. Die Gespräche selbst dauern ca. 1/2 Stunde, die Aussagen werden selbstverständlich anonym und vertraulich behandelt.

Wenn die Befragung auch wissenschaftliche Neugier befriedigen soll, wird doch erwartet, daß die Ergebnisse letztlich den für die Regionalpolitik verantwortlichen Politikern Hinweise darauf geben, in welchem Maße die Wünsche und Bedürfnisse der betroffenen Bewohnerschaft in die Politik zur Verbesserung der Lebenssituation im ländlichen Raum Eingang finden können. Gerade im Zeichen schwieriger wirtschaftlicher Rahmenbedingungen ist eine Förderung nach den Vorstellungen der direkt Betroffenen sinnvoll und effektiv, weil sie hilft, Fehlentwicklungen zu vermeiden.

Wartenberger Nachrichten

AMTLICHES VERKÜNDUNGSORGAN DER GEMEINDE WARTENBERG LT. § 7 HGO

Jahrgang 5   Mittwoch, den 26. Mai 1982   Nummer 21

Geographische Untersuchung in Angersbach

In der 1. Junihälfte 1982 führt das Geographische Institut der Technischen Hochschule Darmstadt unter der Leitung von Professor Dr. H.-D. May eine von der Deutschen Forschungsgemeinschaft geförderte Untersuchung in Angersbach durch. Sie soll die Bewertung des ländlichen Raumes durch die Bewohnerschaft analysieren.

Hierzu wird ein Teil der Wohnbevölkerung, die vorher vom Computer ausgewählt wurde, von Geographiestudenten befragt. Diese Angaben dienen ausschließlich wissenschaftlichen Zwecken und werden vertraulich behandelt. Es wird um Unterstützung der Geographen bei ihrer Arbeit gebeten!

DARMSTÄDTER GEOGRAPHISCHE STUDIEN

H 1 FRIEDRICH, Klaus: Funktionseignung und räumliche Bewertung neuer Wohnquartiere. Untersucht am Beispiel der Darmstädter Neubaugebiete Eberstadt-NW und Neu-Kranichstein. 248 S. mit 45 Abb. u. 27 Tab. 1978.   DM 29,50

H 2 HAUCK, Barbara und Manfred SCHICK: Die jüngste Entwicklung der Tabakflächen im nordbadischen Anbaugebiet nördlich der Hockenheimer Hardt. 89 S. mit 6 Abb. u. 4 Tab. 1979.   DM 7,00

H 3 Beiträge zur Geographie des ländlichen Raumes. 121 S. mit 14 Abb. u. 12 Tab. 1982.   DM 14,00

H 4 SCHICK, Manfred: Fehlheim und das Ried. 255 S. mit 9 Abb. u. 2 Tab. 1984.   DM 29,00

H 5 MAY, Heinz-Dieter, Klaus FRIEDRICH und Helga WARTWIG: Beiträge zum Konzept einer regionalisierten Raumordnungspolitik. 142 S. mit 18 Abb. u. 42 Tab. 1984.   DM 18,50